图书在版编目（ＣＩＰ）数据

菊与刀 / （美）本尼迪克特著 ； 王颖，杜翠云编译 .
— 天津 ： 天津人民出版社，2013.11（2015.3 重印）
ISBN 978-7-201-08410-7

Ⅰ . ①菊… Ⅱ . ①本… ②王… ③杜… Ⅲ . ①民族文
化—研究—日本 Ⅳ . ① K313.03

中国版本图书馆 CIP 数据核字（2013）第 236540 号

天津人民出版社出版

出版人：黄　沛

（天津市和平区西康路 35 号　邮政编码：300051）

邮购部电话：（022）23332469

网址：http://www.tjrmcbs.com

电子邮箱：tjrmcbs@126.com

北京彩虹伟业印刷有限公司印刷　新华书店经销

2013 年 11 月第 1 版 2015 年 3 月第 4 次印刷

880 毫米 ×1230 毫米 32 开本 8.5 印张

字数：176 千字

定价：29.80 元

　　徒有虚名的天皇把实权托付给世袭的世俗首领，权力却又转交给了首领世袭的政治顾问。德川末年，佩里将军也没料想到，将军背后还有天皇。而1858年，美国的第一任驻日本使节哈里斯，在和日本进行第一个通商条约的谈判时，也是突然发现还有一位天皇的。

——摘自 第三章 《各就其位》

日本改变了资本主义发展的固定模式，没有遵照"资本主义生产阶段的出发点和正常顺序"的发展规律，没有从生产消费品和轻工业起步，而是一开始就大量创办起着关键作用的重工业。例如造船厂、兵工厂、炼钢厂、铁路建设等都被赋予了优先发展的权利，使其拥有了先进的技术水平，并得到了高速有效的发展。

——摘自 第四章 《明治维新》

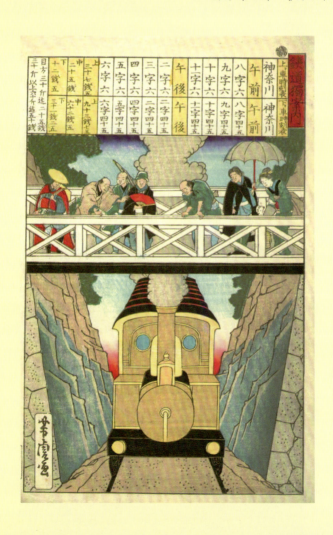

　　一对年轻人必须由双方父母陪同，由媒人安排，严密谨慎地安排双方"偶然相遇"的情形。见面的场合要么在每年的菊花展上，要么是观赏樱花的时候，要么在某个公园里，要么在某个娱乐场里。

——摘自 第八章 《洗刷名誉》

　　喝酒是一种愉快的消遣，因此，家庭和社会都不会嫌弃醉酒的人。喝醉酒的人不会胡来，也不会打孩子，只是会不拘礼节、纵情歌舞。在城市的酒宴上，人们则喜欢坐在对方的膝盖上。

——摘自 第九章《人之常情的世界》

　　日本人不习惯特意去给刚断奶的孩子做饭，本来断奶的孩子应该喝稀粥，但日本人大部分是从吃母乳一下子就变成了吃成人的普通食品。日本人很少喝牛奶，也不为孩子准备些特殊蔬菜。这样一来，人们当然会怀疑政府倡导的"长期喂奶对孩子不好"这种说法，到底是不是真的。

——摘自 第十二章 《儿童启蒙》

　　据说，天皇曾在美国建议否认天皇的神圣性时提出异议，说抛弃原来没有的东西会使他为难。他真诚地说，日本人并不把他看作西方意义上的神。但是麦克阿瑟将军仍劝他说，西方人认为天皇主张神性，这将对日本的国际声誉产生严重的影响。于是天皇勉为其难地同意在元旦发表否认神性存在的声明，他还要求把世界上对此事的评论翻译给他看。读了这些论评后，天皇写信给麦克阿瑟将军说他满意。

——摘自 第十三章 《投降后的日本人》

目 录
contents

编译者序

　　菊与刀，是一对充满矛盾的组合体，也是日本民族特有的文化传统的蕴意象征。第二次世界大战以后，美国人类学家鲁思（Ruth Benedict）研究日本人的民族性特征，并以"菊与刀"作为指代，阐释了日本传统精神理念中矛盾统一的特质。菊，代表着日本天皇的族徽，是高贵美丽的象征；刀，代表着日本武士文化，是武力和权威的象征。在世界的其他民族性当中，很难同时存在两种极端因素，并使之成为基本的民族精神。但日本民族文化却具有相反的双重性，他们性情温和而又好武力，尚礼而又睚眦必报，喜欢新奇却又顽固保守。

　　诚然，中国的传统文化曾经大范围辐射东亚及东南亚诸国，对日本民族精神的形成有着重大影响，我们至今仍可以在日本的大街小巷看到中国文化对其的影响。然而，日本民族精神的内质并非是中国文化的分流，它的确吸收了中国儒学传统中某些伦理因素，如忠义，孝道，谦恭，家族礼仪，尊卑秩序等，具有明显的东方文明中温文尔雅的情致，他们也引入了中国道家含蓄隐逸的文化精神，具备感悟生命的敏感力和洞察力，拥有感受宇宙万物细微变化的超强审美能力。故而日本的文学、美术、音乐、饮食、生活细节等都带有一种细腻精巧、浪漫缠绵、忧郁伤感的古典情调，都有一种超脱世俗的静谧的美感。

但是与此同时，日本又是地道的海洋国家，有着类似于西方传统的冒险挑战精神，他们崇尚武力，热情洋溢，激动好斗，骨子里带有天然的侵略性，如同古希腊勇士酷爱以武力征服世界。日本人具有强烈的复仇心和毁灭情结，他们的民族性格善于吹毛求疵，面对无法完成的复仇目标，他们倾向于毁灭自己，以保证尊严和荣誉不被践踏。这种思想和行为被日本人赞誉为武士道精神，其间所包含的残忍手段和暴力心理符合日本民族的崇高理想，在很多情况下都被鼓励而非被谴责。

这是一个充满性格矛盾的民族，鲁思在研究日本民族特征时，将日本文化概括为"耻感文化"，这不同于中国的"乐感文化"，也有别于西方国家的"罪感文化"。"乐感文化"源于中国传统儒、道、释、骚文化的融合，而"罪感文化"源于基督教的原罪观念和基督救赎的命题。日本人的"耻感文化"，显然与宗教无关，也与伦理传承无关。那是一种特有的自尊膨胀而又受到压抑的情感，这与日本岛国的地理位置和国土面积有关，也与日本民族自视甚高的文化情绪有关，并在第二次世界大战中表露得淋漓尽致。日本试图使用武力令世界臣服，同时再用独特的"卓绝文化"感染全人类，建立大和民族梦想中的共荣世界。

鲁思·本尼迪克斯（1887—1948）是美国著名的女性人类学家，她曾经在哥伦比亚大学攻读文化人类学，其导师是美国著名人类学家弗朗兹·博尔斯（Franz Boas），鲁思受到导师的影响，一生注重原始文化的调查研究。1944年6月，鲁思接受了研究日本的课题任务，在研究过程中，特别重视对日军战俘和美籍日本人的研究，获得了很多一手研究资料。其1945年提交研究报告，1946年将报告改写为《菊与刀》出版，立即成为美国和日本的畅销书。

《菊与刀》的完成和出版，至今已经半个多世纪，其对日本民族性的研究直至今日一直产生着影响。鲁思针对的是美日关系的研究，中国仅是作为对比个案参与其中。事实上，从过去到今天，中日文化都不能漠视二者之间悠久的历史渊源，中日两国的关系也远比其他各国的关系更为错综复杂，因此，《菊与刀》也为中国了解日本提供了重要的参考，这种价值对于探讨中日关系中的敏感问题，也具有一定的意义。

《菊与刀》的译本多种多样，从20世纪90年代开始至今，各类译本的印数已经超过数十万册。我们之所以重译《菊与刀》，是基于近些年来对日本民族的深刻理解，对当年鲁思英文版本中某些模棱两可的词汇有了进一步的深刻的阐释。英文词汇与汉语词汇在概念范畴上完全不同，通常一个英文词汇，用汉语来解释，会出现许多相似的释义，也就是说，汉语的表达更为细致入微，同义词和近义词无比繁多，而这些在英文中，可能仅用一个词汇来概括。比如《菊与刀》中出现的"GIRI"一词，许多译本翻译成"情义""义理""理念""情感的正义"等，但这些词语显然不是中国人常用的词汇，也不是《菊与刀》所要表达的意思，因此译本和原文之间就存在误解和歧义。而本书将"GIRI"一词译为"道义"，这正是鲁思所要表达的意思，是日本民族精神的核心因素，也是中国人能够理解的一种情感倾向。本书的重译试图解决语言障碍与歧义的问题，在语言方面，更加贴近汉语的使用习惯，在保证原文含义的同时，正确使用通俗性语言，让读者在阅读时更为轻松容易。当然，限于译者的水平和精力，难免存在不够准确或错误之处，希望读者宽容指正。但我们相信，每一种译本的诞生，都会更进一步地接近原著的本来面貌，这也是我们一直努力的目标。

编译者

2013 年 7 月 1 日

第一章

任务：研究日本

美国曾经与日本发生全面战争，也跟其他劲敌国家交过手，但在所有这些敌人中，日本人的脾性最古怪，也最难琢磨。他们不但是强大的对手，而且行为和思维习惯竟然全都与我们截然不同。因而必须引起重视，认真对待，这在其他战争中从没出现过。我们跟此前 1905 年的沙俄几乎面临同样的问题^①，作战对手都是同一个民族，他们的传统不属于西方文化，但又经过充分的武装训练，甚至全民皆兵。在西方国家，人们对那些出于人道的战争惯例已经达成共识，但对日本人来说，这些东西显然毫无意义。如此看来，太平洋战争不仅是进行一系列的岛屿登陆作战，或者是克服困难卓绝的后勤补给，熟悉"敌性"也是一个重要课题，要想与日本人打仗，就必须先了解他们的行为习惯。

---

① 1904 年爆发日俄战争，到 1905 年结束，双方投入兵力都超过百万，伤亡惨重，最后在美国的调停下，俄国承认日本独占朝鲜的权益，把辽东半岛和南满铁路的特权转让给日本，并把中国库页岛南部让给日本。（编译者注）

　　长崎入岛的荷兰商人，是自1640年幕府实行锁国政策后唯一获准在日经商的欧洲人，但他们的行动经常受到严格的监视与限制。最初他们只被准许一年赴日一次，并参见江户的大将军。这种经商方式后来成为把西方工业革命和科学革命知识传入日本的途径。图中的荷兰人手持望远镜正观察远处的海面，这种新奇的东西令当地的日本人充满好奇。

　　这项任务十分艰巨，困难也很明显。日本的国门刚刚打开75年，之前一直都推行闭关锁国政策，人们描述日本的时候，使用的一些词句往往很荒谬，令人感到困惑，比如"但是……却又……"之类，在描述世界其他民族时，从来没有像这样的。一位严谨的研究专家谈到其他民族时，不会刚说过他们彬彬有礼，就再加上一句："但是，他们又很蛮横倔强。"通常也不会说"他们无比顽固"，转而又说"但是，他们很能适应暴力革命"；或者说这个民族性格温顺，又说他们不肯轻易屈服上级的管教；说他们忠诚厚道，又说"但是心存叛逆，怨恨满腔"；说他们本性勇敢，又说他们十分怯懦；说他们爱自己的面子，但做事总考虑别人的想法；又说他们真诚善良，渴慕西方文化，但他们又是顽固的保守主义分子。人们不会先写一本书，来描述这个民族如何酷爱审美，如何给予演员和艺术家崇高的赞誉，如何醉心于栽培菊花，而后再另写一本书作为补充，描述该民族如何崇尚刀剑武力，如何向往武士道的无尚荣耀。

然而，当谈论日本时，上述所有的矛盾都会出现，并形成纵横交错的经纬线。而且，这些矛盾都是千真万确的，刀与菊，充满不和谐的矛盾，却是一幅画面的两个组成部分。日本人的生性极其好斗但又非常温顺；他们黩武却又酷爱美丽；自负桀骜却又文雅守礼；顽固不化却又狡黠善变；性情温顺却又不甘受人摆布；忠贞不贰却又容易叛变；勇敢却又怯懦；保守却又渴望新潮。他们非常在乎别人对自己的评价，但是，如果别人不晓得他们有什么劣迹，或者干过什么坏事，他们就很容易被罪恶征服，不断地犯罪。在日本的军队里，虽然士兵已经被彻底驯服，但仍然具有很强的反抗性，攻击上司的事件时有发生。

美国迫切需要了解日本，这一点已成为当务之急，因此我们不能漠视这些矛盾，还有那些同样令人心烦意乱的，让人纠结的问题，也都无法置之不理。危机接二连三地出现在我们面前。日本人下一步打算干什么？将采取什么样的行动？如果不进攻日本本土，日本人会投降吗？我们是不是应该轰炸日本皇宫？对于日军俘虏，我们能有什么样的期待？为了拯救美国人的性命，同时削弱日本人那种负隅顽抗的决心，对日本军队及日本民众宣传时，我们该说些什么？这些问题在熟悉日本国情的专家中，存在严重的分歧。一旦实现和平，为了维持正常秩序，需要对日本实施永久性的军事管制吗？我军是否准备进入日本深山老林的每一个要塞，与那些顽抗到底的激进分子展开激战？在世界和平到来之前，日本会不会发生一场革命？类似法国革命或俄国革命？谁将领导这场革命？或者日本民族只能灭亡？对于这些问题，我们作出的种种判断，导致的结果将全然不同。

1944 年 6 月，我接受委托从事日本研究。我作为一个文化人类学家，受命使用一切可以利用的研究手段，以便弄清日本民族的底细，研究他们究竟是什么样的民族。那年初夏，我们刚刚开始了对日本的大规模反攻。许多美国人认为，对日战争将要持续三年，或许是十年，甚至更长时间。而很多日本人则认为，这次战争将会持续百年。日本人说，美军虽然取得了某些局部胜利，但那是在新几内亚和所罗门群岛，离日本本岛至少还有数千英里呢。日本的报纸杂志根本不承认日本海军的失利，所以日本人还以为自己是胜利者。

然而，到了六月，局势开始发生变化。盟军在欧洲开辟了第二战场，两年半以来，盟军最高司令部一直给予欧洲战场军事优先权，这些措施已经明显见效，对德战争的结局完全能够预见。在太平洋战场上，我们的军队已经登陆塞班岛，这场大规模的战役预示着日军终将彻底失败。此后，我们的士兵经常与日军短兵相接。另外，通过新几内亚、瓜达尔卡纳尔、缅甸、阿图、塔拉瓦、比亚克等战役，我们深知自己深陷于残酷的战争中，而我们所面对的敌人又是何等可怕。

于是，在 1944 年 6 月，我们有许多疑问急需解答，这都与我们的敌人——日本有关，一切已经迫在眉睫。这些问题错综复杂，军事上的，外交上的，关乎最高决策的，关于在前线对日军散发传单的，诸如此类种种问题，我们都必须适时提出真知灼见。日本发动的是一场全面战争，我们迫切需要知道的，不仅是东京决策者的目标和动机，或是日本漫长的历史，也不仅是经济和军事上的统计数字。我们必须了解，日本政府从国民那里能够获取哪些期待？我们也必须了解，日本人的思维特征和情感习俗，甚至了解因这些特征和习俗所形成的生活模式。我们还必须搞清楚，有哪些制约因素支持这些行动和观念。我们得暂时把美国人的行动前提抛在一边，并且尽可能地不要轻率武断地下结论，也许在那种情况下，我们做的事，日本人也会那样做。

我的任务极其艰难。美国和日本正在交战。在战争中，把一切错失都归咎于敌方，频频谴责对方，这非常容易，但要想弄明白敌人自己如何看待人生，如何通过他们的眼睛看待世界，这就困难多了。然而，这个任务必须完成。问题是，我要研究的是日本人将要如何行动，而不是我们处于他们的境况要如何行动。我必须努力整合日本人在战争中的所有行为，利用这些有用的资料试图了解他们，要把这些当做有利条件，而不是当做不利条件。我必须观察他们的打仗方式，并且暂时不将其看作军事问题，而是文化问题。无论在战争中还是在平时，日本人的行为都独具特色。他们处理各种战争事务时，表现出哪些特殊的生活方式和思维模式？他们的长官鼓舞士气，消除惶恐和疑惑，在战场上调兵遣将，所有的这些方式展现出他们自以为能够利用的力量，那究竟是什么？我得跟踪研究战争中的每个细节，以便观察日本人如何逐步展露出他们自己。

　　然而，美日两国正在交战，这一事实不可避免地对我的研究产生了不利影响。这意味着我必须放弃文化人类学家最重要的研究方法——实地考察，我无法去日本，到日本人的家庭中，亲眼观察他们在日常生活中的种种倾向，然后辨别区分哪些因素是至关重要的，哪些是不太重要的。我无法亲自观察他们做决定时的复杂状况，也无法观察他们如何培养下一代，他们的孩子如何成长。约翰·安布雷撰写的《须惠村》[①]，是人类学家在日本实地考察后，写出的唯一有关日本村落的著作，这些研究成果非常有价值。但是，我们在 1944 年遭遇的关于日本的许多问题，在《须惠村》里都尚未提及。

　　尽管有这么多的困难，但作为一名文化人类学家，我却始终相信，还有某些研究手段和条件能够加以利用。至少，我可以依赖文化人类学家最基本的研究手段——与研究对象面对面接触。在美国，有许多日本人，他们在日本出生长大，我可以根据他们亲身经历的事情向他们提问，弄清楚他们如何理解或判断那些事情，用他们的描述填补我们在知识上的许多空白。我相信，作为人类学家，这些知识有助于我们了解任何文化，而且是必不可少的，具有根本上意义的。通常，一些社会科学

---

① 约翰·安布雷是美国文化人类学家，1935 年以日本须惠村为典型，研究日本社会特征，完成专著《须惠村：一个日本的农村》。全书内容包括村落历史背景、村落组织结构、家族形成状况、阶级体制、个人生活状态、宗教信仰等。（编译者注）

领域的学者从事日本研究时，主要利用图书文献，对历史事件进行分析，或者对资料进行统计，并收集日本的书面或口头宣传品，从字里行间中寻求其演变轨迹。我确信，他们所寻求的许多答案，都隐藏在日本文化的种种规则和价值之中，因此，通过真正生活在这种文化中的日本人，探究日本文化中的那些规则，会取得更加满意的答案。

　　这并不意味着我不阅读书籍文献，或者不请教曾经生活在日本的西方人。与日本有关的文献浩如烟海，在日本居住过的西方人也数不胜数，这些对我都帮助极大。有些人类学家到亚马孙河发源地或新几内亚高原，研究那些没有文字的部落，他们全然没有我现在的优势。由于没有文字，那些部落从未用文笔来展露自我，西方人的相关论述也是浮光掠影，少之又少。没人知道他们的历史，学者们进行实地考察，没有任何前辈学者的帮助，他们去探索那些部落的经济生活状况、社会阶层构成，以及宗教生活中所崇拜的事物，等等。我研究日本的时候，却有许多优秀学者的丰硕成果可以继承。在嗜古者的文献资料中，描述了日本人生活的细枝末节，很多欧美人士也详细记载了他们在日本的生动经历，日本人自己也撰写了许多传奇性的自传。跟许多其他东方民族不同，日本人热衷于描写自我，这种展露自己的冲动十分强烈，他们既写生活琐事，也在写全球的扩张计划，他们的坦率着实令人惊异。当然，他们并没有将所有的计划和盘托出，没有谁会那样做。日本人描述日本的时候，会忽略许多真正重要的事情，因为那些东西是他们最熟悉的，如同呼吸的空气一般，早已习而不察了。美国人记述美国的时候也是一样的。尽管如此，日本人仍然喜欢自我表露。

我阅读这些文献时，仿效了达尔文创立物种起源时所用的阅读方法，特别留意那些令人困惑的事情。对于日本国会演说中那些罗列的观念，我需要了解些什么？日本人会强烈声讨一些无可厚非的议案，而对某些骇人听闻的恶性事件却毫不介意，隐藏在这种态度背后的究竟是什么？我一边读，一边不断地问，"这样的情形到底是什么原因引起的？"为了弄懂这些，我究竟需要了解什么？

我还看了不少在日本拍摄录制的电影——有宣传片、历史片，还有描写当代东京生活的都市片，以及农村影片，然后，我再跟一些看过相同影片的日本人一起讨论。基本上在任何情况下，他们的眼光和观看角度都与我不同，他们以普通日本人的心理经验看待影片中的男女主角以及反面角色，我常对一些情节迷惑不解，而他们却明明白白。另外，他们对情节和动机的理解也与我不同，他们从整部电影的结构方式上进行理解。我和那些在日本长大的日本人观看同一部电影，如同阅读他们的小说一样，彼此对影片的理解存在很大的差异。在他们当中，有些人会为日本的习俗进行辩解，而另一些人则厌恶日本的一切，哪一类人使我更有收获？这的确很难说清。在日本，人们有什么样的生活规范？对于这一点，他们所描绘的景象基本一致，不管他们接受这种规范，还是深恶痛绝地排斥。

如果人类学家仅是搜集研究对象的资料，然后对资料进行解释分析，那么曾经在日本生活过的西方人都已经做过这些事。假如一个人类学家仅能做这点事，那就别指望对日本研究作出新的贡献，还不如以往那些外国居住者对日本的描述更有价值。然而，文化人类学家受过特殊的训练，也具有某些特殊的才能，只需花费一些精力，就能在拥有众多学者和观察员的领域里，做出更多的贡献，因此，即便费一些周折，也是值得的。

人类学家了解亚洲和大洋洲的多种文化类型。甚至在日本，有许多习俗和社会生活习惯，都与太平洋岛屿上的原始部族相似。有些与马来诸岛的风俗相似，有些与新几内亚相似，有些与波利尼西亚相似。当然，了解这些相似性很有意义，可以推测在古代是否有过迁移或接触，这些问题都相当有趣。但是，了解文化的相似性，其价值并不在于它们彼此之间可能存在什么历史关联，对我而言，是能够凭借相似或差异，了解这些风俗习惯在文化中起到什么作用，从而启发我了解日本的生活方式。我对亚洲大陆的暹罗、缅甸和中国文化略知一二，可以把日本与这些民族进行对比，它们都是亚洲重要的文化遗产的组成部分。人类学家在研究原始部族时多次证明，这种文化比较的研究价值非凡。一个部落的正统习俗也许有 90% 与邻近的部落相同，但是在细节上可能进行修改补充，以适应与众不同的生活方式和自己的一套价值观念。在修补的过程中，可能会排斥一些基本习俗，尽管这些细节对整体而言所占的比例很小，但是也可能促使该民族未来的发展转到某个独特的方向。很多部族都拥有着独特的风俗，探讨具有共性的种族之间的差异，是人类学研究中最有意义的事情。

人类学家的自身文化与研究对象的文化之间也必然存在差异，因此必须让自己最大限度地适应这些差异，还要不断琢磨研究技术和手段，来解决这类特殊的问题。人类学家凭借经验可以知道，不同文化的种族和民族遇到某些情况时，会采取不同的解决方式，当他们对某些事件的含义作出判断时，其方法也截然不同。在某些北极村落或热带沙漠，人类学家见识过"血缘责任制"或"财物交换制"的部落习俗，其独特性远非任何汪洋恣肆的想象力所能杜撰的。对此，人类学家必须进行调查，不仅要弄清血缘关系或交换关系的细节，还要调查习俗在部落行为中产生的后果，以及每一代人是如何从幼年起就受到制约，身体力行传承那些习俗，就像他们先祖曾经所做的那样。

人类学家关注研究差异、制约性及其后果，这些方法都可以运用在对日本的研究当中。如今，美日之间在文化上的差异根深蒂固，没有人不清楚这一点。美国甚至出现了一个关于日本的传闻：无论我们做什么，他们就一定会对着干。如果一个研究者相信这种简单的说法，认为两国之间的差异过于离奇，我们根本不可能去了解那样的民族，这样的成见当然非常危险。人类学家凭借自身的经验能够证明，即便最离奇怪异的行为，也无碍研究者对它进行研究和了解。人类学家从专业的角度出发，把差异作为优势资料加以利用，而不是看做一种令人沮丧的劣势。这一点比任何其他社会科学研究者都做得更好。种族或者制度之间的差异越明显，越离奇，就越能引起他们的注意。人类学家研究部落的生活方式，对任何东西都不会想当然，这就使得他们不仅关注个别事例，而且更关注整体。在研究西方国家的各民族时，如果研究者缺乏比较文化学的训练，往往就会忽视某些习俗的整体性。他们会觉得理所当然，因此不会去探求日常生活的细小习惯，也不研究人们普遍接受的公认裁决和说法。然而，在一个民族的大银幕上，这些习惯或裁决将会大面积地投射放映，严重影响这一民族的未来，比起外交官签订的条约，它的作用显然更加重要。

人类学家想要研究日常琐事，其技术手段必须完善。因为，在他研究的部落里，那些日常琐事与他自己国家的截然不同。当他试图理解某一部落中的极端恶毒事件，或者是另一部落中极端胆怯的行为时，当他试图了解特定情况下人们的行动方式和感受方式时，他会发现，这些研究在很大程度上依赖于观察和对细节的关注，在文明国家里，这些观察方法常常不大引人注意。人类学家充分相信，关注琐事十分重要，并且也知道，使用什么样的方法把这些挖掘出来。

我们在日本研究上不妨试一试这类方法。只有关注某个民族日常生活中的琐事，因为这些琐事都带有强烈的人性色彩，如此才能充分理解人类学家的假设：即在任何原始部落，或者在任何最发达的文明国度中，人类行为都是从日常生活中积累形成的。一个人无论行为或想法如何怪异，他的感觉和思维方式总能联系到日常经验。这一假设具有重大意义。我对日本人的某些行为越是感到困惑，就越要设想：在日本人生活中的某个领域，一定存在某种极为平常的条件，从而导致这种奇异的行为顺理成章地产生了。如果能把研究深入到日常交往的琐碎细节中，那就更有用处了。人们正是在日常交往细节中学习成长的。

作为一个文化人类学家，我还有这样一个假设：那些最孤立的行为细节，彼此之间也有某种系统性的关联。我曾经认真地研究过，将数以百计的单项细节纳入一些整体模式当中。人类社会必须为自身的生存作出某种规划，这种规划支持人们面对某些情况时采取既定的处理方式，或者采取某种评价方式，在这样的社会中，人们把这些方式看做是全部行为的基本要领。无论面对多大的困难，他们都把这些方式进行整合。人们一旦接受了不可或缺的价值体系，并根据这套价值观念去生活，就不可能按照另一套相反的价值体系进行思考和行动，否则就会陷入被隔离的生活状态，也无法长久维持这种状态，这样势必会导致混乱和不便。他们力图获得更多的和谐一致，给自己准备某种通用的理由和动机。因为某种程度的一致性必不可少，否则整个体系就会崩溃。

这样一来，经济活动、家庭行为、宗教仪式以及政治目标都像齿轮一样相互咬合在一起。某个领域的变化可能更急剧一些，其他领域就会承受巨大压力，而这种屈从性质的压力来自对一致性的需要。在没有文字的史前社会，人们追逐着权力统治，这种权力意识往往在宗教活动中体现出来，或者显示在经济交往及部落交流中。文明国家拥有古老悠久的经文典籍，教会必然会保留以往年代的习语，而没有文字的部落却做不到这一点。但是，在某些领域，人们越来越认可经济和政治权力，并与教会的陈规发生抵触，教会往往就会放弃自己既定的权威，虽然习语词句能够保留，但内容已经发生改变。宗教教义、经济活动和政治行为，并非存在于用堤防隔离开的小池塘里，它们总能溢出假想的边界，互相交流融合，以至不可避免地掺杂在一块。情况总是如此，学者越是把观察点分散到经济、性生活、宗教，以及婴孩抚养等领域，就越能追踪到社会中究竟发生了什么事情，就能有效地在生活的各个领域提出假设，并能搜集有利的证据资料，从而学会观察一个民族的基本要求，即便这些要求是用政治、经济或者道德的术语提出来的，他都能理解人们的思维方式和表现习惯，因为这些都来源于社会经验的实践。因此，本书并不专门探讨日本宗教，或经济生活、或政治、或家庭，而是考察有关于日本人生活方式的各种假定观点。无论当时的活动如何，本书只描述这些假定观点所表露的情况。本书所要探讨的是，究竟什么样的因素使日本民族成为日本。

20 世纪所面临的一大障碍是，我们仍然持有模糊不清、极为偏颇的观念，不仅在讨论日本民族何以成为日本时如此，而且在讨论美利坚民族何以成为美国，法兰西民族何以成为法国，俄罗斯民族何以成为俄国时，也都是如此。各国之间缺乏这方面的认知，因而彼此产生了误解。有时，仅仅是细微毫厘的小麻烦，我们也会担心是不可调解的纠纷。有时一个民族因为拥有他们自己的经验和价值体系，所以在思想和行动方针上与我们的设想截然不同，而我们却妄求跟他们探讨共同目标。我们没能给自己一个机会，去了解他们的习惯和价值观究竟意味着什么。假如去尝试了解了，我们可能会发现，他们的某些行动方针未必出于恶意，只因为我们不了解而已。

完全依赖某个民族自己所宣称的思想和行动习惯，这是不可靠的。尽管每个民族的作家都努力描述他们自己，但这并非易事。一个民族观察生活时的眼光都与其他民族完全不同。人们在判断事物时，很难意识到这是透过自己的视角观察到的。每一个民族都认为理所当然，对于这个民族而言，他们所接受的焦距和视点，仿佛就是上帝安排的全部景观。我们不能指望戴眼镜的人了解镜片的度数，也不能指望某个国家去分析它看待世界的观点。如果我们想知道眼睛的状况，就去找一位眼科大夫，他会验明眼睛的度数，配制出合适的镜片。有朝一日，我们会毫无疑问地承认，社会科学工作者的任务，就像眼科大夫分析眼球那样，是负责分析当今世界的各个民族。

这项工作既要具备某种程度的硬心肠，也需要某种程度的宽容态度。有时，那些善良的人会指责这种硬心肠，"世界大同"的鼓吹者们坚信，"东方"和"西方"，白人和黑人，基督教徒和伊斯兰教徒，这些差异只是表面现象，实际上，整个人类的内心都是相通的，相差无几。这种观点有时被称作"四海之内皆兄弟"，他们向全世界各地人们灌输这种信念。但是，我不能理解，难道信奉了世界大同的观点，日本人就不能有日本人的生活方式，美国人就不能有美国人的生活方式吗？有时，这些软心肠的人似乎认为，全世界各民族都来自于同一张底片。如果不是这样，国际亲善的良好目标就无法建立。但是，如果强求其他民族接受单一性，并作为尊重他们的前提条件，那么就如同强求妻子儿女都要跟自己一模一样，这是一种神经质的表现。那些"硬心肠"的人认为，差异理所当然应当存在。他们尊重差异性，并试图建立一个能容纳各类差异的和谐世界。美国可以彻头彻尾都是美利坚，但却不威胁世界和平。法国、日本等任何国家也可以如此。差异就像悬在世人头上的达摩克利斯剑①，对于任何研究者来说，如果他们自己不相信这一点，试图用外部压力来干预人生态度的成熟，那么这类想法就显得很荒谬。他也不需要担心，如果坚持这种立场，就会使世界凝固不变。其实，承认文化上的差异，并不意味着世界要停止发展。英国伊丽莎白时代之后，又有安妮女王时代和维多利亚时代，并未因此丧失英国的特性。因为英国人一直是英国人，他们不是别人，他们能够适应不同的时代，在这些不同的时代中，变化的标准和民族心态证明了他们是以英国的方式存在着。

系统研究民族之间的差异，既需要有某种坚韧不拔的精神，也需要有某种程度上的宽容。只有坚持自己所深信的信仰，才能对那些差异有着不同寻常的宽容。只有在这种情况下，宗教的比较研究才能有所发展。那些研究者也许是基督徒或阿拉伯学者或者是唯物主义者，但他们绝不是极端分子。比较研究文化之间的差异也是一样，如果人们只是一味地维护自己熟悉和习惯的生活方式，并坚信自己的生活方式是世界上唯一能解决这类事件的办法，文化的比较研究也就不可能发展。这类人已

① 达摩克利斯剑（DamoGles Sword），源自希腊传说（前430—367），达摩克利斯是狄奥尼修斯一世的宠臣，狄奥尼修斯曾邀请达摩克利斯赴宴，让他坐在黄金宝座上，用金银器皿给他盛各种美食佳肴，但宝座上空用马鬃悬了一把闪光的利剑。达摩克利斯抬头看见这把利剑，感觉随时都会掉下来，因此在宴会上非常紧张惊恐。（编译者注）

经把自己置身快乐和充实的体验之外，他们绝不会懂得，吸收和学习其他生活方式会使人们更加热爱自身的文化。他们如此保守，以至于只会要求其他民族采纳他们的特殊生活方式。作为美国人，他们就强求其他民族接受自己偏好的原则。但是，其他民族是很难接受我们特有的生活方式的，就好比我们无法学会用十二进位制代替十进位制进行计算，或者无法学会像东非某些土著人一只脚站着休息一样。

本书阐述日本人的心理预期，以及公认的习惯；日本人对自己的要求，比如他在哪些情况下想得到恭维，在哪些情况下不想；日本人什么时候会感到惭愧，什么时候会感到尴尬等等。本书所论述的事项的依据，最理想的就是大街小巷中平凡的普通人。这并不是意味着他们置身于我所说的每一个特殊的情境，而是意味着他们愿意承认在那些情境下会去那样做。如此研究，就是想要描述出那些埋藏在日本人思想深处的想法和态度。也许达不到这种目的，但这是我写这本书的理想。

在这项研究中，研究者很快就发现，不需再增加调查材料数量，也能提供更多的证据。比如说，某人在何时何地对谁行了礼，这一点就没有必要对所有的日本人都进行统计研究。这种大家公认的习惯性行为，任何一个日本人都可以向你证明，不需要为了同样的结论再去调查成千上万的日本人。

研究者若想弄清日本的生活方式是如何一直延续下来的，那他的工作肯定远比证实统计学里的观点要艰巨得多。我们要求他表明，这些被公认的判断是怎样成为观察人生的焦点的。

研究者必须努力使用完全不同的焦距，让美国人也能明白日本人观察生活的焦点。在这种分析工作中，最具权威的法官可不一定就是"田中先生"，即任何普通的日本人。因为"田中先生"并没有说清楚自己的观点。何况对他而言，为美国人写的那些东西是费时费力的，而且很有可能是毫无意义的。

美国人在研究社会的过程中，很少留意文明民族的文化被建立时的那些前提。大多数研究者都认为，这些前提十分清楚明白，根本不需要去证明和研究。多数社会学家和心理学家都关注"意念和行为"的分布，他们通常使用统计作为研究方法。只需收集大量的调查资料、调查问卷、访谈记录、心理测试等材料，然后进行系统的分析，再努力从中找出某些事实因素的独立性或相互依存性。在全国范围内可以通过科学方法，进行抽样调查，再进行民意测试。在美国，这种方法已高度完善。通过这种手段，可以了解到对于某一公职候选人或某项政策，到底有多少人支持或反对。这些支持者或反对者又分为乡村或城市、低薪阶层或高薪阶层、共和党或民主党等类型。在一个凡事都要选民投票的国家里，法律由民众代表制定并实施，因此，这种调查结果具有很重要的实践意义。

美国人可以调查民意，也能够理解调查的结果。但他们之所以能够这样做，有一个很明显却被大家忽略的前提条件，那就是他们是美国人，熟悉美国的生活方式，并且认为这件事天经地义。民意调查的结果只不过是在已知的事情上再多加些东西而已。要想了解一个国家，则必须先对那个国家的人民的生活习惯和观点进行系统的研究，然后民意调查才能起到作用。

通过研究抽样取得的调查的结果，我们可以了解有多少人支持政府，有多少人反对政府。但是，如果事先不了解他们对国家的态度，那么抽样调查的结果又能表明什么呢？只有了解他们对国家的观点，才能帮助我们弄清各个派别在街头或国会中到底争论些什么。一个国家的民众对政府的观点，要比标志各政党势力的数字更具有持久性和普遍性意义。在美国，无论是共和党还是民主党，都被认为是邪恶的，因为它限制了个人的自由。也许除了战争年代，对于美国人来说，政府官员可能还没有私企任职者的社会地位高。这种观念与日本人几乎完全不同，甚至与许多欧洲国家也存在着很大差异。我们首先必须了解的是他们的这类观念，这些观念表现在风俗习惯、民族历史神话，以及民族节日的活动中。当然，根据这些间接表现，我们也可以进行研究，但必须是系统性的研究。

每个民族都有一些解决问题的方式和基本观点，这些方式和观点都适合自己的民族。就像我们对于选举，十分关心赞成票、反对票各占的百分比一样，我们也该仔细详尽地研究某个民族在生活中形成的基本观点，还有他们认同的解决问题的方式。日本正是这样的民族，他们的基本观念和行为习惯都值得我们进行研究和探讨。我发现，一旦弄清了西方人观念中与他们不同的地方，掌握了一些他们经常运用的方法和符号，那么西方人眼中经常看到的那些日本人，他们行为中匪夷所思的部分，都不再那么难以理解。我开始明白，日本人为何会把某些摇摆不定的行为当成有机体的组成部分，因为这些与他们的体制是完全一致的。我可以说明其中的原因，我和日本人一起工作时，最初他们使用的习语和概念都让我感到困惑，但后来我发现，那些习语和概念具有丰富的含义，而且充满浓厚的情感。这一体系同西方人所了解的伦理观和善恶观存在着巨大差异，它是独一无二的，既不属于佛教，也不属于儒教，而是日本式的——包含着日本的优势和弱点。

第二章

战争中的日本人

每种文化传统都有它关于战争的惯例，尽管西欧各国各有特点，但也有他们的共性。因为这些国家的文化同根同源，包括战争在内。所以西欧的战争中，很多情况是可以预知的，例如，战前动员士兵全力以赴，局部失败时如何坚定信心，战死者比例达到多少就该投降，还有战俘的待遇等等。

　　通过了解日本与西方在战争惯例上的差异，我们可以明白他们的人生观以及对人应负的责任的看法。我们的目的是对日本的文化及行为进行系统的研究，去解答他们的行为所反映出得与其性格有关的许多问题。至于那些不符合我们信条的东西是否具有军事意义，我们不必去管。

　　日本对战争正义性的界定与美国恰恰相反，衡量国际形势的出发点与我们也不同。美国认为战争的起因是，日本、意大利、德意志三国非法冒犯并破坏了国际和平，他们无视了一条国际惯例，即"自己生存，也让别人生存"，侵犯了国际上对自由企业"开放门户"的准则。他们不管是占领满洲国、埃塞俄比亚还是波兰，都已经证明，他们推行的是压迫弱小的邪恶政策。日本发动战争的理由很特别，他们要结束世界上这种"自立为王"

的无政府状态，为建立等级秩序而奋斗。当然，这一秩序只能由日本来主导，因为只有日本真正建立起了自上而下的等级制度，在国内平定了叛乱，实现了和平统一，建立了交通、电力、钢铁产业，可见"各就其位"是非常必要的。另外，据官方公布数据来看，99.5%的日本青少年都在公立学校里接受义务教育。根据日本等级秩序的理论，"大东亚"诸国是同一种族，因此，它应该扶持拖后腿的小兄弟——中国，然后逐步将美国、英国、俄国从"大东亚"区域中驱逐出去，让他们"各回各家"。各国只有在国际等级链条中找准自己的位置，各司其职，才能形成统一和谐的世界。在下一章，我们将探讨这种广受好评的等级制在日本文化中的含义。"大东亚"其实是日本民族幻想出来的，最符合国民口味，但是其最大的不幸就在于，那些被侵占的国家并不认同这一理想。尽管如此，日本在战败后仍然不承认"大东亚"这一理想是不道德的。就连那些在外交上最具弱势的日本战俘，也很少责难日本对亚洲大陆和西南太平洋地区的心怀不轨。在今后相当长的一段时间里，日本肯定不会轻易抛弃一些固有的态度，特别是对等级制的信仰和依赖。虽然这一点与热爱平等的美国人截然不同，但我们还是要了解等级制对日本的含义，以及它的好处究竟在哪里。

日本人把胜利的希望寄托在精神上，他们叫嚷着日本必胜，精神必将战胜物质。他们说："我们早就知道，美国确实是个大国，军备力量确实优越，但这算得了什么，我们根本没有把这些放在眼里。"我们还可以从他们的一家发行量很高的报纸——《每日新闻》上读到这样一段话："敌人有丰富的资源，但是却不是这次战争创造的，我们要是害怕这些数字，当初就不会开战了。"

不管是日本打胜仗还是我们打胜仗，日本的政治家、领袖以及军人们都反复申明："这不是一场军备上的较量，而是日本人的精神与美国人的物质之间的较量。毫无疑问，这场较量，胜利必将属于日本。"但这一信条却成了塞班、硫黄岛溃败时的托辞，虽然它并不是专门为失败而准备的。早在偷袭珍珠港以前，它就已经深入人心。在日军夸耀胜利的那几个月，它更是充当了冲锋的号角。日本前陆军大臣、狂热的军国主义者荒木大将，曾在 20 世纪 30 年代的一本小册子《告日本国民书》中写道，日本的"天授使命"在于"弘扬皇道于四海，力量悬殊不足忧，船坚炮利不足惧"。

日本与西方的差别并不是它不关心物质军备，事实上，像其他备战国家一样，日本也心存忧虑。在整个 20 世纪 30 年代，日本国民总收入的一大部分都用于军备，到了偷袭珍珠港的那年，国民收入将近一半用在了陆海军的军备上，而且这一比例还在急剧上升，而民用支出却只占总支出额的 17%。但是，日本人认为物质并不重要，"船坚炮利"就像代表武士道德品质的佩刀一样，只不过是"日本精神"的表面象征而已。

美国一贯注重强大的实力，日本则一贯重视精神。他们说，精神就是一切，可以永恒；物质虽不可少，却是次要的，转瞬即逝。所以日本虽然也像美国一样开展增产运动，但这项运动却是基于他们的这一独特认知。日本的广播电台经常播放："物质资源有限，终将覆灭，这是永恒的真理。"这种对精神的信赖也鲜明地反映在他们的战术手册中："以吾等之训练以抗敌军之众，以吾等之血肉以抗敌军之固。"这句口号并非是为这次战争而特意制定的，而是他们的传统，他们的军队手册第一页始终都印着"必读必胜"四个大字。日本那支著名的"神风突击队"，就是精神战胜物质的活生生的例子。他们的飞行员会驾着飞机向我们的军舰做自杀式袭击，以此来表达对物质的蔑视。突击队命名为"神风"，

图注

日本民族对自己的信仰是发自内心的，十分忠诚，为了信仰他们甚至能够毫不犹豫地牺牲自己的生命。在第二次世界大战中，神风突击队队员驾机撞向美军战舰的景象令我们记忆犹新。照片中这艘起火的航母，正是受到日本飞行员的自杀式袭击。

是因为公元13世纪，成吉思汗攻打日本时，船队遇飓风而遭覆灭，这次"神风"拯救了日本。

日本当权者在民间也不忘对老百姓进行"精神优越于物质"的教育。老百姓在工厂里辛苦劳作了半天，又被通宵达旦地轰炸搞得筋疲力尽，他们就说："劳累和疲劳是在锻炼人的意志，越是疲倦，就越能锻炼人。"老百姓冬天在防空洞里冻得瑟瑟发抖，大日本广播体育文化学会就在广播中让大家做御寒体操，说这体操不仅能代替被褥，保温取暖，还可以代替粮食，维持老百姓的正常体力。他们说："当然，也许会有人抱怨，现在

缺乏粮食，连温饱问题都解决不了，还谈什么做体操。不，越是吃不饱，我们就越要想方设法来强身健体。"这就意味着，必须用额外消耗体力来增强体力，这是什么道理。美国人对体力的认识，则要考虑睡眠、饮食、温度等因素，先要看你昨天睡眠是否充足，饮食是否正常，是否寒冷，然后才看你今天有多少体力能消耗。日本人则从来不考虑这些因素，说那样会陷入物质主义。

日本战时的广播甚至会灌输"精神可以战胜死亡"这种极端的说法，有家电台就曾播过一个英雄飞行员战胜死亡的神话：

空战结束后，日本的飞机编好队飞回机场。一个大尉在最先一批回来之后，站在地上，不时用双筒望远镜看着天空。他的脸色有些苍白，但却十分镇定，一架一架地数着部下的飞机，看着他们返回。到最后一架飞机平安着陆后，他就到司令部向司令官去作汇报，刚汇报完，他就不支倒地了。在场的军官们急忙跑上前去帮忙，经过检察，发现他已经断气，并且躯体已经冰凉，而他的胸口上有致命的弹伤。按理说，一个刚断气的人，身体不可能是冰冷的。而大尉的身体却凉得像冰块一样，大尉肯定是早就死了。大尉的精神支持着他看着部下平安着陆，并作了这次汇报，是他强烈的责任感创造了这次奇迹。

在美国人看来，肯定会笑这是编造出来的鬼话，但是受过教育的日本人却不觉得好笑。他们相信，日本的听众也肯定不会认为这是无稽之谈。他们首先会强调这个广播已经说了，这是"一个奇迹"。那为什么不能有奇迹？既然日本人都相信"精神可以永恒"，那这位以责任为己任的大尉为什么不能在这几个小时创造奇迹呢？日本人深信，灵魂是可以修炼的，通过特殊的修炼，精神可以创造奇迹。很显然，这位大尉已经修炼到家了，因此创造了奇迹。

作为美国人，我们完全可以不理会日本人这些极端的行为，把它当做穷途末路时的自我安慰也好，当成骗人的痴心妄想也好。但如果真的这样做，我们就更猜不透日本人在战时或平时都想些什么，他们只会更难对付。我们一定要了解，他们的信条绝不是什么简单的怪癖，不是把一定的禁忌和避讳，灌输给日本人，让他们牢牢记在心上。只有了解了这些，我们才能了解日本人为什么会在战败时承认"光有精神是不够的"，"单枪匹马守住阵地是幻想"，为什么会承认他们在战争中"完全是凭主观意识"，我们才能明白经过与美国人在战争和工业上进行的较量，他们承认"日本人的精神力量是不够的"这些话的潜台词。

除了等级制度以及精神力量高于一切，日本在战争时期的另外一些说法也值得比较文化研究者注意。一旦遇到灾难，城市的空袭也罢，塞班岛的溃败也罢，菲律宾失守也罢，政府总是对日本百姓解释："这些早在预料之中，不用担心。"收音机那些夸张的宣传，也不过是安抚百姓之举，他们大谈安全、士气等只不过是给百姓打精神预防针罢了。他们希望日本人继续相信他们居住在可以预言的"乌托邦"之中。"美军占领了基什加岛，在我们的国土四周轰炸，而且肯定是海、陆、空军三面夹击。但是我们早就料到了，我们也准备好了。"美军开始对日本城市进行轰炸时，飞机制造业协会副会长在电台广播说："敌机飞到我们头顶上空来了，但是我们从事飞机制造的人早就猜到了这种事会来临，对此也做好了万无一失的准备，所以不用担心。"就连那些希望早日停止这场无望战争的日本战俘也认为，轰炸是摧毁不了日本人的士气的，"因为他们对此早有准备"。一切都在预料之中，未雨绸缪，并且万无一失。似乎只有以此为出发点，日本人才能继续坚持自己的信念——凡事都是我们主动期求的，不是别人强加的。"我们不要想着自己是被动挨打，而应该想着是我们引来了敌人。"他们会说："敌人，你要来就来吧。""我们所期待的终于来临了，欢迎它的到来。"

图注

　　在日本江户时代末期出现了很多英雄人物，其中尤以并称"维新三杰"的西乡隆盛、木户孝允（桂小五郎）、大久保利通最为著名。照片中为位于东京上野恩赐公园的西乡隆盛塑像，我国著名的思想家王韬、黄遵宪、梁启超等人都曾到上野公园看过这尊铜像。

而决不会说："该来的终于还是来了。"对此，海军大臣在国会演说中引用19世纪70年代的伟大武士西乡隆盛的遗言："世上有两种机会，一种是偶然的，另一种是需要自己创造的。当举步维艰时，我们必须自己创造机会。"另外，据电台报道，当美军突入马尼拉市中心时，山下（奉文）将军"微微一笑，得意地说，敌军已落入我的掌握之中"。"果然不出将军所料，敌军刚登陆仁牙因湾，马尼拉市即迅速陷落，接下来的事情就更能说明山下将军的神机妙算了。"换句话来讲，就是说，败得越惨，就越说明山下将军料事如神。

美国人也像日本人一样，只不过是走向了另一个极端——全力以赴、全心应战。美国人时刻保持充沛的精力，随时准备迎接挑战。别人挑起这场战争，攻击我们，我们一定要给对方一点颜色看看。所以美国的发言人谈及珍珠港、巴丹半岛的溃败时，考虑安抚大众的情绪时，会说："这是敌人的肆意挑衅，我们要以牙还牙。"而决不会说："这些都是我们早就料到的。"日本人则宁愿生活在凡事都有预先安排的状态之中，他们觉得未曾料到才是生活中最大的威胁。

日本人在作战行动中经常宣传说"全世界的目光都在投向我们"，他们处在世界的中心，所以，他们必须好好发扬日本精神，这显示了日本人的与众不同之处，关系到他们的国际形象，而对形象的重视是日本文化中根深蒂固的一部分。日军指挥官在美国登陆瓜达尔卡纳尔岛时，向其部队下达命令说，全世界都在看着我们，我们必须表现出男儿本色，不能丢大日本帝国的脸。日本海军官兵也有一条诫令，如果遭到鱼雷攻击，上司命令他们弃舰时，他们必须以最完美的姿态撤退。否则"会遭世人耻笑，美国人还会把你们的丑态拍成电影，拿到纽约去放映"。

在关于日本人的态度中，更多人关注的是对天皇陛下的态度。天皇对其臣民到底拥有多少统治权呢？有美国权威人士指出，在日本七百余年的封建统治中，每个人所尽忠的对象是各自的直属上司——"大名"①，以及大名之上的军事统帅——将军②。天皇一直是有名无实的傀儡，根本没什么统治权，所以对天皇忠诚与否几乎根本无人关心。对于日本一般老百姓来说，有没有天皇都无关紧要。因为天皇被幽禁在深不见人的宫廷，日常活动和各种仪式也都不自由，被将军制定的严格的规章制度限制着。如果一个有地位的封建诸侯对天皇表达敬意，就会被视为是对上司的背叛。一些美国学者认为，只有了解了日本的历史，才能了解日本。这样才能了解，为什么一个对老百姓来说印象模糊、默默无闻的天皇，能够成为日本的中流砥柱，成为凝聚这个保守民族的力量源泉？那些反复强调天皇对其臣民有绝对统治权的日本评论家，实际上夸大了事实，这只能证

---

① 大名，一般指日本江户时代受封的"藩主"，拥有领地和家臣，但必须听命于幕府将军。（编译者注）

② 将军，也称"征夷大将军"，在日本"武士政权"统治时期是最高统治者，1192年之后日本建立幕府，将军作为幕府首脑，统治掌管全国政权，世袭继承。幕府时代共延续近700年，明治维新时期废除幕府和将军。（编译者注）

明他们论据的脆弱。美国不必礼待天皇，恰恰相反，这种邪恶的元首观念，我们应该施以猛烈的攻击。天皇是日本神道的核心，如果我们向天皇的神圣进行挑战，我们就可以摧毁日本的整个价值结构。

许多熟悉日本的美国人，特别是了解前线状况或读过日本文献报道的，是不会同意上面的说法的。他们不认为，攻击天皇就是攻击军国主义。在日本生活过的人都非常清楚，如果口头上侮辱天皇或者攻击天皇，很容易刺痛日本人，激起他们的士气。第一次世界大战后，他们亲眼看到，军人外出来到东京市区时，都要换上便装，谨慎行事，因为那时"德谟克拉西"^①很盛行，而军国主义名声很臭，但就是在那些年代，军人对天皇的崇敬照样是狂热的。这些在日本待过的人士说，日本人对天皇的崇敬与高呼"希特勒万岁"根本不同，因为后者与法西斯的罪恶相联系，只不过是纳粹党兴衰的一种反映。

日军俘虏的口供也印证了上述观点，因为日军与西方军人不一样，他们并没有受过相关的教育，被俘后哪些话该说，哪些不该说，显然缺乏统一性。这种情况一直持续到战争结束前几个月，当然还要归咎于日本一直以来的不投降主义，但那时只限于一部分军团和部队。我们之所以这么重视俘虏的证词，是因为它能代表日本军队意见的一个横断面。士气低落会导致投降，而投降的日本士兵就可能不再具有典型性。但是这些战

---

① 德谟克拉西，指西方的民主和科学，在中国近现代称为"德先生"和"赛先生"。（编译者注）

俘几乎都是在受伤或失去知觉后，无力抵抗而被俘的，不是因胜利无望而投降的。

对所有的日本人来说，天皇就是一切。那些顽抗到底的，说他们的极端军国主义是为了天皇，自己是在"谨遵圣意"，"为天皇而献身"，"天皇鼓励国民参战，服从是我的天职"。然而，那些反对这次战争及日本"大东亚"计划的人，也把他们的和平主义归于天皇。厌战者称天皇是"爱好和平的"，"始终是一位和平主义者，是反对战争的"，"是被东条欺骗了"，"在满洲事变时，陛下还表示反对军部"，"天皇是不允许让国民卷入战争的，战争发生的时候，天皇并不知情，也没有许可。天皇也并不知道，他的士兵正处在水深火热中"。这些证词完全不同于德国战俘，德国战俘认为，尽管他们对希特勒的部下背叛首脑很不满，他们仍然认为战争必须由最高决策者和教唆者——希特勒来承担。日本战俘则明确表示，对皇室的忠诚与对军国主义及侵略战争的态度完全是两码事。

对他们来讲，天皇和日本密不可分。"没有天皇，日本就不是日本"，"天皇是日本国民的象征，是国民生活的中心，这种信仰是超越宗教的"，"纵然日本战败，所有的日本人仍会继续尊崇天皇"，"百姓不会谴责天皇，也不会认为天皇有什么责任。这都是内阁和军部领导的错，天皇是无辜的"。

在美国人看来，世人都不能免于怀疑和批判，这些认为天皇超越一切的论调，简直是欺人之谈。但是直到战败，日本这些论调也从未改口。审讯战俘有经验的人，会发现没有一个战俘愿意诽谤天皇，这些人也包括那些和盟军合作、甚至替我们向日军喊话的人，所以没有必要在每份口供上写下"拒绝诽谤天皇"。从各地汇集的审讯战俘的口供，只有三份委婉地表示反对天皇，其中一份说："保留天皇在位将是一个错误。"另一份则说天皇"意志薄弱，只不过是个傀儡"，第三份则只是猜测天皇可能会让位皇太子，让位之后，如果日本废除君主制，青年女性也许能像她们羡慕已久的美国妇女那样，获得自由。

因此，日本军部的统领很善于利用日本人这种对天皇的崇敬和忠诚。他们会把"天皇恩赐"的香烟分赏部下，会在天长节时，率领部下向着天皇所在的东方三叩首，高呼"万岁"。会在"部队受到轰炸时"，和部下一起诵读天皇在"军人敕谕"中亲自颁发的"圣旨"，"诵读声在森林中经久不息"。他们还号召部下要"唯命是从"，"免除圣虑"，要"以崇敬之心报答陛下"要"为天皇而献身"。但是，这种对天皇"唯命是从"的做法也有两面性，许多日本战俘说，"天皇有令，我们必然遵从。我们可以单枪匹马地战斗，也可以立刻放下武器"，"如果天皇下诏，我们会立刻缴械投降，连最骁勇善战的满洲关东军也不例外"，"只有天皇的圣旨，才会让我们心甘情愿地承认战败，再鼓起劲来重建家园"。

日本有两种截然不同的现象，就是对天皇的无限忠诚，和对天皇以外的任何人的无情的批判，这两者形成了鲜明的对比。在日本的报纸杂志或战俘的口供中，就有不少人对他们前线的指挥官破口大骂，尤其是那些不能与部下同生共死的人。对那些坐飞机逃跑，而不顾士兵死活，让他们顽抗到底的指挥官更是恨之入骨。他们对日本的人和事可谓是明辨是非的，常常赞扬一些军官，严厉谴责另一些军官。国内的报纸杂志也在指责"政府"，他们要求有更强有力的领导，并能和他们同舟共济，还指责政府没有做为，甚至抨击政府限制言论自由。最好的例子就是 1944 年 7 月的一次会议，东京一家报纸刊登了这次由新闻记者、前国会议员、日本极权主义政党——大政翼赞会领导人参加的座谈记录。其中有位发言者说："我认为振奋日本民心有很多方法，但最重要的就是给大家言论自由。近几年来，日本国民不敢坦露心声，他们害怕一不小心就会招来祸害。就算他们心存疑问，也只是表面应付，不敢直说。没有言论自由，还谈什么发挥全体国民的力量。"另一位发言者更进一步说道："我几乎每晚都和我们选区的选民座谈，一聊就到大半夜，想问问他们关于一些事情的意见，但他们却吞吞吐吐不肯开口，这哪还有什么言论自由。特别是有了所谓战时特别刑法和治安维持限制令，国民简直像封建老百姓一样，变得胆小如鼠，本能够发挥的战斗力，到现在也没发挥出来。可见，限制言论绝对不是一种激发斗志的好办法。"

日本人并没有无条件地承认等级制的优越，因为即使在战时，他们也会批判政府、大本营甚至是他们的顶头上司。然而，唯独天皇是不受批判的。天皇的至高无上在近代才得以确立，为什么会如此受到尊重呢？这是日本人的一种怪癖吗？日本所说的只要天皇下令，他们可以单枪匹马战斗至死，也可以老老实实举手投降，这些话是真的吗？会不会是故意骗我们而编的谎言？

有关日本人作战行动的这些重要问题，从反物质主义的偏见到对天皇的态度，不仅关系到前线，也关系到日本国内。另外，还有一个问题在战争中暴露出来，就是日本对战争中人员损失的独特态度。当美国把海军勋章授给台湾海峡机动部队指挥官乔治·爱斯·麦肯因将军时，日本的电台对此表现出与美国人截然相反的态度，他们感到非常的惊讶，广播内容如下：

虽然尼米兹公报已宣称他击退了日军，但美国向司令官乔治·爱斯·麦肯因授勋的官方理由并不是他击退了日军，而是因为他成功地救了两艘损坏的美国军舰，还安全地把它们护送到基地。我们也不明白为什么会这样，但是这则小报道的重要性在于它不是编造的，而是实实在在的事件。我们并不怀疑麦肯因将军确实救了两艘军舰，只是希望你们了解一个奇特的事实："在美国，救了两艘军舰就能受勋。"

一切救援行为，对倒霉蛋的一切帮助，都能深深地感动美国人。比救人行为更加英勇的，就是成功地救回了活人。日本人所谓的勇敢则排斥这类救援，他们甚至说，如果在B29轰炸机和战斗机上配备救生器材，那就是"胆小鬼"的行径，而且他们的报纸、广播不厌其烦地谈论这个话题。他们认为只有视死如归才是英雄行为，而小心谨慎就证明自己无用。所以他们对待伤病员和疟疾患者也是这种态度，他们认为这些士兵简直就是废物。日本医疗服务很差，更不用说维持正常的战斗力了，补给也跟不上，时间一长，本来就匮乏的医疗设施更加难以维持。但这还不算什么，他们还在这时宣传蔑视物质主义。他们教导士兵说，死亡本身就是精神的胜利。而我们对病患的照顾反而成了对英雄主义的干扰，就好比轰炸机上配置安全设备是贪生怕死一样。首先，日本人平时不习惯像美国人那样去看医生。连和平时期来美国旅游的欧洲人也经常谈到，与其他福利设施相比，美国更关心同情伤病患者。而这些对日本人来说是陌生的。总而言之，在战争中，日本军队没有训练有素的救护班，能在战火中抢救伤员，也没有前线救护所、后方野战医院，以及远离前线的康复医院这样系统的医疗设施，更不用说医疗品补给了。他们根本没有优先转移伤病员的习惯，情况紧急时，干脆杀掉伤病员。尤其是在新几内亚和菲律宾，日本人常常被迫在有医院的地点撤退。当部队进行真正"有计划的撤退"时，敌人已经近在眼前了，他们这时才会有所行动。负责的军医往往会在临走时枪杀伤病员，也可能给伤病员留一颗手榴弹，让他自杀。

日本人如此对待自己受伤的同胞，那么，他们也会这么对待美国战俘。按我们的标准来看，日本人不管是对战俘，还对他们自己的同胞，都犯了虐待罪。前菲律宾上校，军医哈罗鲁得·格拉特里说，他曾经在台湾被当做战俘关了三年，在那期间，"美军战俘所受的医疗护理甚至比日军士兵都要好，因为俘虏营中的盟军军医会照顾盟军俘虏，而日本士兵却连一个军医都没有。有一段时间，唯一给日军看病的医务人员是一个下士，后来升了中士。"这位菲律宾上校一年只能看到一两次日本军医。

（1945 年 10 月 15 日《华盛顿邮报》报道）

　　日本对战争中人员损失的态度最典型的表现，就是他们的不投降主义。西方任何军队在竭尽全力却寡不敌众、毫无希望时便会向敌军投降，但他们仍然觉得自己是光荣的军人，而且根据国际协议，将让其通知本国，让其家属知道他们还活着。无论是作为一个军人或平民，在自己的家中，他们都不会因此而矮人一等。然而，日本人却认为荣誉就是战斗到死，就算走投无路，他们也不会投降，只会把最后一颗子弹留给自己，或者赤手空拳出去跟敌人同归于尽。万一受伤昏迷，不小心被俘，他就会觉得"回国后再也没脸见人了"，丧失了名誉，他就是个死人了，再也不是以前的他了。虽然日本军中会有上述内容的命令，但是在前线却显然用不着特地强调了，他们一直都老老实实地用行动诠释这条规则。在北缅会战中，被俘者与战死者的比例为 142 比 17166，也就是 1 比 120。除少数人以外，这 142 名被俘者大都负伤或昏迷，一个人单独或两三个人一起"投降"的就更少了。而在西方，阵亡者如果达到全军兵力的四分之一或三分之一，他们就会考虑投降。投降者和阵亡者的比率大约是 4 比 1。而在霍兰迪亚，日军的第一次大规模投降，其比率为 1 比 5，与北缅的 1 比 120 相比，已经是巨大的进步了。

　　许多美国人都谈到，美国战俘在俘虏营里连笑都不敢笑，他们怕刺激到看守他们的日本人。在日本人看来，当了战俘就已经够可耻的了，就算没有受伤、得疟疾和赤痢这些疾病，他也已经是个废物，不算个"正常人"了，这些美国人居然恬不知耻，还笑得出来，他们简直忍无可忍。日本军官给美国战俘下的命令，就连一些俘虏营的日本看守也必须遵守，急行军或是乘坐像沙丁鱼罐头似的运输船转移，对日本兵来说是家常便饭。有些美国战俘说，日本哨兵会要求他们帮忙隐瞒自己的违章行为。在俘虏营中，最重的罪就是公开抗命。在俘虏营的战俘，白天外出筑路或上工厂做工，是不允许从外边带回食物的，但是只要把水果、蔬菜包起来就可以蒙混过关。这个规定也就成了摆设，但是如果被发现，就意味着美国战俘蔑视哨兵的权威，那绝对是重罪。在日本生活中和军队中，哪怕是一句"顶嘴的话"都等于是公然向权威挑衅，都要受到严惩。俘虏营中确实有暴行和虐待，但我们只是想区分文化习惯行为和暴虐行为，并不是想宽恕暴虐行为。

开战初期，日军士兵确信敌军将会虐待俘虏，最终还会杀掉他们，所以他们更觉得投降是耻辱。当时在日本有一个广泛流传的谣言，说美军用坦克碾死了瓜岛上的俘虏。或许有些日本士兵是打算投降的，但美军怀疑他们投降的动机，而且认为怀疑是有理由的，美军谨慎起见便将其杀害。就像一个日军战俘所说："既然已下定决心要把自己献给胜利的祭坛，如果不能以死报效祖国，那才是奇耻大辱。"一个除了死亡别无选择的日本士兵，常常会选择与敌人同归于尽，并且引以为傲，所以他被俘之后也有可能这么做。这种可能性使我军倍加警惕，同时也减少了日军投降的人数。

"以投降为耻"这一信条已经在日本人的思想中打上了深深的烙印，他们视为理所当然的东西，却与我们的战争惯例截然不同。同样的，他们也无法理解我们的行为。他们实在无法明白，美国人为什么丝毫不以被俘为耻，还要求把自己的姓名通知本国政府，以便让家属知道自己还活着，这种做法让日本人既吃惊又非常蔑视。所以，日本士兵想不到巴丹半岛的美军会向他们投降，他们以为美军会像日军一样奋战到底。

西方士兵和日本士兵之间存在一种最戏剧性的差别，那就是，日军被俘后竟与盟军合作。刚开始，他们完全不能适应已经成为阶下囚的事实，也没想着去适应新环境。他们觉得丧失了名誉，也就没有资格做一个日本人。直到战争快要结束的前几个月，才有极少数人要求回国，这时战争结局对他们而言已经无关紧要了。但有些人则要求处决自己，说："如果这不符合你们的惯例，那就允许我做一个模范战俘吧。"有些老兵和曾经顽固的军国主义者完全倒戈相向，他们给我们指出弹药库的位置，仔细说明日军兵力的配置，帮我们写宣传品，还跟我军飞行员一起坐在轰炸机上指明军事目标。这些表现，就好像他们已经获得了新生，他们的生命跟过去无关，而且他们愿意忠诚于现在的生活。

当然，凡事皆有例外。就算以利相诱，也有少数战俘顽固不化。有些美军指挥官很警惕，不敢轻易接受日本人表面上的协助，所以有些战俘营根本没指望日军战俘会帮忙。但是如果接受了日军战俘的合作，战俘营对日军的态度必须由怀疑逐渐过渡到信赖。

美国人从没想到日本战俘的态度会有如此大的转变，这与我们的信条是格格不入的。但日本人的行为准则好像就是这样：择定一条道路便全力以赴，如果失败，就另作打算。那么，我们能不能在战后考虑利用他们的这种准则呢？或者这只是个别士兵被俘后的特殊行为？此外，除了日本人特殊的战时行为值得我们思考，有关日本人的生活方式以及各种制度的实施，他们的思维方式和行动习惯等诸多问题，也都值得我们探讨。

第二章

各就其位

要想理解日本人，必须要先弄清他们所说的"各就其位"是什么意思。他们信仰秩序和等级制度，就像我们信仰自由平等一样。日本人对等级制的信赖，是建立在对人与其同伴，以及个人与国家之间关系的认知之上的。但是，我们并不认为等级制合情合理，更不要说在现实生活中实施了。我们必须清楚他们关于家庭、国家、宗教信仰及经济之类的民族习俗，才能了解他们对生活的看法。日本人考虑国际关系问题时，也像对国内问题一样离不开等级观念。他们在过去的十年间，认为自己处在国际金字塔的顶端，现在这种顺序已被西方各国所取代，但他们就算接受了现状，也时时刻刻不忘等级观念。日本在外交文件中也不遗余力地表明他们对这一观念的重视，1940 年日本签订的日德意三国同盟条约前言中说道："大日本帝国政府、德国政府和意大利政府确信，只有各国'各就其位'了，世界才能长久地和平。"天皇在此条约签订时所发的诏书，也再次谈到了这一点，诏书说：

弘扬大义于全宇，缔造世界为一家，实乃我皇祖皇宗之大训，亦朕夙夜所眷念。今世局动乱不知胡底，人类蒙祸不知何极。朕所珍念者，唯早日勘定祸乱，光复和平……袭三国盟约成立，朕心甚悦。唯万邦各得其所，兆民悉安其业，此乃旷古大业，路漫修远，前途尚迢……

在偷袭珍珠港的当天，日本特使向美国国务卿赫尔递交声明，其中也极为明确地提到这一点："使万邦各就其位，乃帝国之基本国策……如有与帝国根本国策背道而驰之事，不能使万邦各就其位，帝国政府断难容忍。"

这一声明是针对数日前赫尔的声明而作的回应，赫尔在声明中强调了美国的四项基本原则：各国主权及领土完整不可侵犯；互不干涉内政；信赖国际合作及和解；各国平等的原则。这些原则对于美国的重要性，等同于日本的等级制，是美国人奉行平等及不可侵犯权利精神中的主要内容。我们认为，不管是在国际关系中，还是在日常生活中，都要遵循这样的准则。对美国人来说，平等是最崇高、最道德的，它意味着自由，不受专制压迫，不受干涉；也意味着在法律面前人人平等。有了平等，人们就拥有了改善自己生活条件的权利，可以追求更美好的世界。平等也是当今世界竭力实现基本人权的必经之路。即便我们有时破坏了这一原则，但我们依然支持平等，所以，我们是绝对不会向等级制妥协的。

美国始终都坚持平等这一观点，杰斐逊把它写入独立宣言，后来写入宪法的《权利法案》也是以此为基础。平等反映了美国人在日常生活中形成的，完全不同于欧洲人的生活方式，所以才会被写入美国这一新生国家的法定文件中。年轻的法国人阿列克斯·托克维于 19 世纪 30 年代初期访问美国，写了一部

043

有关平等问题的著作。托克维成长于法国上流社会，在很多仍然健在并有影响力的人士的记忆中，贵族阶层曾经受到法国大革命的冲击，又受到《拿破仑法典》的影响。对他来讲，美洲大陆完全是另一个世界，他聪明敏锐又善于观察，在美国这个陌生的国度，发现了许多亮点。他以一个法国贵族的眼光，高度评价了美国新奇的生活秩序，并且表现出宽容的态度。他还展示了即将来临的新事物，他相信，美国的发展很具有前瞻性，就算会有些差异，欧洲也会像美国一样发展。

因此，他很详细地描绘了美国，认为只有在这里，人们才真正得到了平等，可以平等地交谈，可以进行和谐的社会交往。美国人从不拘泥于等级的细枝末节，他们常说，自己不接受施舍，且认为"己所不欲，勿施于人"。那里没有古老贵族式或罗马式的家族，也自然没有旧世界占统治地位的等级制。他说，美国人什么都可以不信，但不能不信奉平等，平等就是生命，为了平等，他们甚至会无意地忽视掉自由。

通过外国人的眼睛，我们可以看到一个多世纪前祖先的生活。如今的美国尽管发生了许多变化，但读了这部著作，我们就知道1830年的美国，跟现在的美国大体上没有改变。美国有过偏爱贵族式社会秩序的人，而且将来也还会有，比如杰斐逊时代的亚历山大·汉密尔顿，但即使如汉密尔顿之流也都承认，我们的生活方式绝对不是贵族式的。

因此，我们在珍珠港事件前对日本所宣布的四项基本原则，既是美国关于太平洋区域的政策，也是我们最信奉的原则。我们确信，朝着我们所指的方向前进，肯定能逐步改善这个世界。

而日本人信奉的"各就其位"的生活准则，也是根据他们自己的社会经验而确立的。多少世纪以来，日本人已经习惯预计并且广泛接受了不平等，等级制对他们来说是再自然不过的事情了。在日本，不管是统治者还是被统治者，行事习惯都与我们的传统完全不同。不过，这不是一种简单的西方权威主义。既然现在日本人承认了美国的至高无上，我们就更有必要详细地了解他们的行为习惯。只有这样，我们才能清楚地知道他们在现时情况下，将会采取什么样的行动。

尽管近年来日本逐渐西化了，但它依然是个贵族社会。人们每次寒暄和接触，都必须依照着双方的社会地位，保持着一定的距离。当一个日本人对另一个日本人说"吃"或"坐"时，都必须按双方的亲疏程度或辈分，使用不同的词汇。"你"这个词就有好几个，不同的场合必须用不同的"你"，相应的动词也有好几个不同的词根。换句话说，日本人也像许多其他亚洲民族一样有"敬语"，用"敬语"时还要适当地鞠躬和跪拜。而且这些规矩和惯例也很详细，要懂得向谁鞠躬，还必须懂得鞠躬的程度。也许对这位主人的鞠躬恰到好处，对另一位稍有不同的主人鞠同样的躬，就可能是一种无礼。日本行礼的方式有很多，有跪在地上、双手伏地、额触手背的最高跪拜礼，也有动动肩、点点头的简单礼节，所以日本人从儿童时期起，就必须学习在哪种场合该行哪种礼。

等级差别不仅经常表现在对礼仪的要求上，虽然这是极重要的，有时也要充分考虑性别、年龄、家庭关系、过去的交往等因素。甚至条件相当的两个人，也要根据不同情况表示不同程度的尊敬。一个老百姓对自己的朋友是不需要鞠躬行礼的，但如果对方穿上军服，他就必须向穿军服的朋友鞠躬。遵守等级制要平衡多种因素，有些情况下各种因素可以相互抵消，有些时候则反而增强，真可谓是一种艺术。

当然，日本也有不太拘泥礼节的人。但是在美国，在自己的家庭生活圈里，人们会抛掉形式，不顾礼节，自由自在。在日本，在自己家里却恰恰要认真学习，仔细观察各种礼节。婴儿还躺在母亲的怀抱，母亲会用手按婴儿的头，教婴儿懂礼节。幼儿摇摇晃晃会走时，学习的第一课就是尊敬父兄。日本家庭生活的核心，就是以性别、辈分以及长嗣继承来区分个人的等级。妻子要给丈夫鞠躬，孩子要给父亲鞠躬，弟弟要给哥哥鞠躬。女孩子不论年龄大小，都要向哥哥和弟弟鞠躬。鞠躬并不只是形式，它意味着：行礼的人原打算自己处理的事，现在允许他人干预，而受礼的一方，也就有义务承担自己应尽的责任。

不可否认，孝道是日本和中国共同崇尚的道德准则。随着中国的佛教、儒教伦理学以及世俗文化传入日本，孝道在六、七世纪也进入日本文化。为了适应日本家庭的不同结构，孝道的性质不免发生了变化。自古至今，中国人必须忠于自己的家族。这个家族成员可能成千上万，但他们都受家族的控制，而且也全心支持家族。虽然中国幅员辽阔，各地情况不同，但大部分地方都是一个村庄居民同属一个家族。中国有四亿五千万人，却只有100多个姓，同姓人多少都承认彼此是同宗。而住在同一地区的人，可能全部是同族，就算远离家乡、住在城市，也有可能是同宗。在广东，人口密集地区的宗族成员常常会联合起来，一起打理氏族宗祠的事务，而且会在祭祖的日子里，一起祭拜他们数以千计的祖宗牌位。每个家族都有自己的财产、土地和寺院，还设立专项基金资助有前途的子弟学习。人们还不时地联系散落各地的家族成员，认真负责地刊印编订族谱，每隔十年左右就会增订一次，公布有权分享本族权利的人员姓名。每个家族都有世代相传的家规，如果家族与当局意见不一致，他们甚至可以拒绝把本族的犯人交出去。在封建帝制时期，这种半自治性质的大宗族，只是在名义上受国家政府派来的官员管理，但在他们的地盘上，政府官员只是个外人。

日本的情况就大不相同了，直到 19 世纪中叶，日本只有贵族和武士可以使用姓氏。在中国，姓氏对家族至关重要，没有姓氏，就没有宗族，更无从发展。在某些宗族中，族谱也相当于姓氏。但是在日本，只有上层阶级才有族谱。就像 1890 年在华盛顿成立的"美国革命妇女会"那样，日本的族谱是从活着的人向上追溯的，而不是由古至今列举世代相传的后裔。中日这两种方法截然不同。而且，日本是封建国家，他们对封建领主尽忠，而领主却不属于大宗族领袖。封建领主和中国那种任期短暂的官员也不同，两者相差很大，后者在任职的地区始终是外人，而日本人则与自己的藩主紧密联系，很重视自己是属于萨摩藩还是肥前藩。

要想让宗族制度化，另一种方法就是参拜神社或敬拜远祖。在日本，没有姓氏和族谱的"庶民"也能参与其中，但是，日本没有群体祭祀远祖的仪式。在"平民"参与祭祀的神社里，所有的村民集中在一起，并不证明他们拥有共同的祖先。他们往往因为自己住在某位祭神的封地上，就被称作是该祭神的"后代"。当然，和世界各地的其他村落一样，不同村庄的祭拜者由于在一个地方世代定居而慢慢形成了亲戚关系，并不是因为他们有同一个祖先。

与神社祭拜不同，人们一般在家里祭拜祖先，他们客厅里的神龛都会摆着六七个去世的亲属的灵牌，这些灵牌就好像微型墓碑，人们会在祖先面前摆好贡品，每天祭拜。各个阶层的日本人就是通过这种方式来祭祀过世的父母、祖父母以及其他近亲的。所以，曾祖父、曾祖母的墓碑上的字，就算已经认不出来了，他们也不再重新刻，人们甚至会迅速忘记三代以前的墓地。日本的家族联系很淡薄，接近于西方国家，在这一点上他们也许和法国最为相近。

因此，日本的"孝道"只限于在紧密接触的家庭内部，充其量只包括父亲、祖父，以及伯父、伯祖父及其后代。也就是在这个范围里，每个人应该根据自己的辈分、性别、年龄来确定自己的地位。即使是大户人家，也往往会分成几个小家庭，然后次子以下的男子还要另立门户。在这个小范围的家庭内部，对"各就其位"有着详细的规定，在长者正式隐退之前，其他人都必须服从命令。甚至今天，即便是一个人的儿子都已成年，只要他父亲还在主持家务，那么凡事都必须听从年迈的父亲。哪怕孩子已经三四十岁了，他们的婚姻也还是要听父母的。父亲作为一家的男主人，总是第一个用餐，第一个洗澡，全家人见了他都要鞠躬行礼，他只需点头答应。在日本有一则谜语广为流传，翻译过来就是："为什么儿子向父母提意见，就像和尚要求蓄发一样？"（佛教僧侣必须受剃度）答案就是："别妄想了，那是不可能的。"

"各就其位"不仅包含辈分的差别，还包含年龄差别。日本人说自己极度困惑时，就常说"非兄非弟"，这话类似我们说的"既非鱼又非鸟"。在日本人看来，长兄作为继承者，应该有个长兄的样子，去过日本的游人们也说："日本的长子很小就有作为长子的责任感。"长子拥有的特权跟他的父亲没什么差别。在过去，弟弟肯定会很早就依赖长兄。现在，特别是在农村，长兄一般按老规矩留在家中，他的弟弟们则可以出去闯荡，接受更高的教育，赚更多的钱。可见，古老的等级制仍然根深蒂固。

甚至在现今政坛关于大东亚政策的讨论上，也避免不了这种遗留的长兄特权。1942年春天，陆军省一个中佐发言人就共荣圈问题发言说："要让占领区的人们都看清楚，日本和他们之间是兄弟关系。不要对被征服者体谅过多，否则他们会过度地利用日本的仁慈，这会不利于日本的统治。"换句话说，哥哥在对弟弟的事情作决定时有绝对的权威，他决定强力推行的时候，不必"过多考虑"弟弟的意见。

不论年龄大小，一个人在等级制中所处的位置还和他的性别有关。日本妇女要跟在她丈夫身后走路，社会地位也比丈夫低。即使在有些场合她们穿上西服，与丈夫并肩同行，进门时走在丈夫前面，但是一旦换上和服，就必须退到丈夫的身后。在日本家庭中，女孩子只能乖乖听话，眼看着所有礼品、关怀和学费都给了兄弟。即使日本为青年女性开设了几所高等学校，那里也主要是教她们学习礼仪和举止规范，而就严格的智力训练而言，则根本没法与男性学校相比。有一位女校的校长建议，要教中上流家庭出身的学生学一点外语，其理由是希望她们整理丈夫们的书籍时，不要摆错了地方。

但是，与其他大多数的亚洲国家相比，日本妇女还是拥有很大的自由的，而且这也不仅仅是日本西化的一种表现。比如，她们不用像中国上层妇女那样必须缠足，她们不用整天藏在深闺里，她们可以在大街上行走，自由进出商店，这些都让印度妇女惊羡不已。在日本，妻子主管全家人的采购和金钱，手头紧了，她可以决定拿什么物件去当。她们可以使唤佣人，对儿子的婚姻有很大的发言权。当了婆婆以后更是一手掌管家务，仿佛她从来没当过别人的媳妇。

在日本，辈分、性别和年龄形成了极大的特权。但是，这些行使特权的人与其说是独断专行，倒不如说他们是代表这些特权之人来行使权利。父亲或兄长要对全体家庭成员负责，包括活着的、去世的，以及将要出生的。他必须作出重大决定，还要保证实行。不过，他的权力并不是无条件的。他必须要考虑全家的荣誉，他必须要让儿子和兄弟们记住自己家族的传统，包括精神上的和物质上的。即使是一个农民，也要祈求祖先保佑他的高尚责任。他地位越高，对家族的责任就越重，所以他有时会为了家族而牺牲掉个人。

不论门第如何，家长遇到重大事件时都要召集家族会议集中讨论。例如，家族成员可能会从很远的地方赶来，参加一个有关订婚的会议，每个人都有发言权，甚至妻子或弟弟的意见也可能改变决定。户主若无视众人的意见一意孤行，他自己也会很难做人。不过，当事人可能无法接受这种家庭会议的决定，那长辈们也会竭尽全力地要求晚辈们完全服从家庭会议的决定，走他们的老路。与普鲁士传统中那种男子对妻子和小孩的专横权力比起来，日本人这种做法的合理性，在法律上和习惯上有所不同。这并不意味日本人的权力小，只是效果不同而已。日本人并不在家庭生活中教小孩子尊重专制，也不培养他们向专制权力屈服的习惯，而是以关系家族利益的名义来要求人们服从家庭意志。不管他们做的事有多难，他们都必须服从家庭意志。

每一个日本人最初都在家里接触等级制，后来再把这种习惯带到经济以及政治上。他懂得，不管一个人在整个圈子中有没有实权，只要他的地位高于自己，都要习惯向"适当位置"的人表示敬意。即使一个人受妻子或弟弟支配，他照样是受妻子或弟弟尊重的。尽管有人在幕后操纵，但也破坏不了特权之间形成的外在界限。同样，外在界限也不会为了迎合实际的支配权而有所改变，等级制依然是不可侵犯的。这些有时可以给人们带来便利，比如他们没有正式身份，但却可能掌握实权，这样就有可能保全自己。日本人从家庭生活经验中懂得：要作出一项决定，就要让整个家庭相信这么做可以维护家庭的荣誉，最能令人信服。这种决定并不是家长强加于人的命令，日本的家长更像一位物质财富和精神财富的受托人，这些财产对所有的人来说都非常重要，所以他才要求每个人都服从要求。日本人虽然反对在家里使用武力，但并不意味着可以不服从家庭，不尊重长辈。即便家里的当家人不是很强势，家族中的等级制也依然能维持下来。

美国人处理人际关系的标准与日本人完全不同，因而对上面提到的日本人家庭中强大而公认的等级制很难接受。日本家庭中有一种相当牢固的团结性，本书研究的课题之一就是日本人如何培养了这样的团结性。要想理解他们的等级思想在政治、经济生活等广泛领域的要求，首先就要认识他们是怎么在家里学到这种习惯的。

日本人生活上的等级制，也跟家里一样。日本在历史上一直是个等级森严的阶级社会，他们的等级制已经延续了几个世纪，可谓有利有弊。从日本有文字记载的历史以来，等级制就一直贯穿在生活之中，甚至可以追溯到公元7世纪。那时，日本已经开始学习中国的生活方式，来适应自己的等级制文化。公元7到8世纪时，日本使节出使中国，看到了辉煌灿烂的文化，日本天皇和官员便想用中国文化来充实自己的国家，并为此投入了巨大的精力和热情。此前，日本并没有自己的文字，7世纪时，日本也是采用中国的象形文字来记录自己与中国完全不同的语言。当时日本有一种名叫四万神的宗教，四万神掌管着山岳、村庄，给人们赐福，带来好运。这种民间宗教历经无数变迁，延续至今，成了现代的神道。7世纪时，日本大规模地从中国引入佛教，并逐渐成为日本的国

图注

佛教从中国传入日本，对日本产生了巨大的影响。平安时代权倾一时的藤原赖通改建其父别院——平等院，依佛教末法之境，在水池之西建造阿弥陀堂，水池之东则建构象征今世的拜殿，打造"净土庭园"。平等院中最具代表性的建筑则是图中展示的凤凰堂。

教。但在此之前，日本并没有大型的永久建筑，于是天皇按照中国京城的样式建造了新的奈良城，同时还根据中国建筑式样，在各地建立了很多宏伟壮丽的佛寺和僧院。天皇还采用了使节们从中国学来的官职、品阶和律令。一个独立自主的国家能够如此成功、有计划地汲取另一个文明，在世界上除了日本再无他例。

　　不过，日本从一开始就没有复制中国的社会制度，中国把官位授给通过科举考试的普通人，在日本却把它授给世袭贵族和封建领主。这就成了日本等级制的一部分。日本被分裂成许多半独立的藩国，领主们也经常钩心斗角，因而领主、家臣、侍从的特权也衍生了许多社会习俗。但是日本无论怎么努力吸收中国的文化，却终究也不能采纳中国的生活方式来代替等级制。他们无法接受中国的官僚制度和家族制度，可以把各种身份、职业的人联合在一起，也不能接受中国那种世俗皇帝的观念。中国常常改朝换代，日本却一次也没换过。日语中称皇室中的人为"云上人"，意思是只有皇室中人才能继承皇位。天皇是神圣的，是不可侵犯的。当初日本天皇及其大臣们把中国文化引入日本的时候，肯定无法想象中国的改朝换代是怎么回事，也想象不到他们做了哪些改动。

　　因此，尽管日本不断吸收中国的各种文化，但这些新的文明只是充当清除世袭领主与诸侯间冲突的工具。8世纪末，贵族藤原氏取代天皇掌握了大权，把天皇赶到后宫。后来，封建领主们又纷纷反对藤原氏的统治，整个国家陷入了内战之中。这时著名的源赖朝征服了所有的对手，并自称"将军"，从而成了全国的实际统治者。其实，"将军"是一个古老的头衔，它的全称是"征夷大将军"，像日本的通例一样，只要源赖朝的子孙能够控制其他封建领主，他们就可以世袭将军。这时的天皇没有任何的行政权力，形同虚设，但是将军还必须由他举行仪式进行授权，这也就是天皇的重要性所在。幕府将军掌握了实权之后，为了巩固自己的统治，常常以武力来镇压其他不肯服从的各个领主"大名"，而"大名"们也都有完全听命于自己的家臣"武士"，在动乱的年代，他们还时刻准备着帮大名夺回敌对大名，或最高统治者将军的"地位"。

公元16世纪，日本内乱频发，几十年后，伟大的武将德川家康击败了所有敌手，于1603年成了德川家族的第一代将军。此后，德川家族世袭将军约260年，直到1868年，日本废除了天皇与将军的"双重统治"，德川政权才宣告结束，开始了日本的近代史。在日本历史上，漫长的德川时代是最值得重视的时期之一。它维持了国内很长一段时期的和平，还有效地实施了为德川氏的政治服务的中央集权制。

德川家康曾面临过一个非常棘手的问题，但也没找到解决的办法。在内战时，一些实力强大的藩主曾与他为敌，直到最后惨败才归顺。这就是所谓的"外样"（即旁系大名）。德川家康允许这些大名继续控制自己的领地和家臣，但是这些大名却不能享有德川家臣的荣誉，也不允许他们在幕府担任重要职务，德川家康把重要职务都交给了内战中拥护德川者的嫡系大名。但实际上，他们在自己的领地上的确享有最高统治权。为了维持这一时期的困难政局，他不让各个大名们私下积蓄力量，防止他们相互联合。为了维持日本的和平和德川氏的统治，德川家康不仅没有废除封建体制，还极力加强这一体制，让它更加稳固。

日本的等级划分十分复杂，每个人的身份都是世袭固定的。德川氏巩固了这种制度，并且对各等级成员的日常行为也做了详尽的规定。每一户的家长必须在门口张贴代表阶层地位和世袭身份的标志，他们的衣着、食物和房子，也是根据等级规定的。在皇族和宫廷贵族之下，日本有四个世袭等级，分别是士、农、工、商，再往下是贱民。贱民人数最多，最出名的就是从事各种污秽职业的人"秽多"，包括清道夫、埋葬死人的、剥取死兽皮及制皮者等。在日本，人们都不跟他们接触，更准确地说，人们根本不把他们当人看，甚至通过他们村落的那一段道路都不算数，仿佛这些地方和居民根本不存在一样。这些人生活极为贫困，虽然他们可以做这些被批准的行业，但却被排斥在正常社会之外。

商人的地位仅在贱民之上，美国人再怎么吃惊，这也是封建社会中的现实。因为商人阶级常常会破坏封建制度，如果商人地位上去了，商业繁荣了，封建制度就有衰落的危险。17世纪时，德川氏施行了严峻的闭关锁国政策，从根本上铲除了商人的基础，这在其他国家是前所未有的。日本曾在中国和朝鲜沿岸一带进行过繁荣的海上贸易，商人阶级

图注

秽多、非人是日本的贱民阶层。秽多主要包括从事屠宰、皮革及殡葬等行业，非人主要为乞丐。图中为正在鞣皮的秽多。

也随之得以发展。德川氏为了阻止这种趋势，规定凡是建造或驾驶超过一定尺寸船只的人，都要处以极刑。就算准许建造的或驾驶的小船，也不能开到大陆或运输商品。各藩之间设置了关卡，严格禁止商品进出，国内的交易也受到了严格地限制。另有一些法律则规定商人的社会地位低下，《奢侈取缔令》中还规定了商人的穿戴、雨伞以及在婚葬时的费用限额。商人不能和武士一起，享有特权的武士就算羞辱了他们，法律也不保护他们。当时的日本是建立在货币经济基础上的，德川氏却企图永远把商人踩在脚下，这无疑是行不通的。

德川幕府为了维持封建社会的安定，把武士和农民两个阶级分别冻结起来，在德川家康结束内战之前，名将丰臣秀吉已用其著名的《缴刀令》将这两个阶级分离开来。他收缴了农民的武器，并规定只有武士才能佩刀，但是武士不能再兼作农民、工匠或商人。身份最低的武士也不能从事生产，他必须依靠每年从农民缴的税中抽取贡米，作为俸禄来维生，就这样成了寄生虫的一分子。武士生活无忧，完全可以依赖大名，大名会把征收的谷米按份额分给每个武士。日本早些时期，封建大名与手下的武士，在各藩国之间无休止的战争中结成了牢固纽带。但是在和平的德川时代，这种纽带变成了经济性的。与中世纪欧洲的骑士不一样，日本的武士既没有领地和农奴，也没有钱。他们依靠并不富余的俸禄生活，而德川氏早就为其确定了俸禄数量。根据日本学者估计，武士的俸禄与农民的所得相差无几，只够维持最起码的生活。更伤脑筋的是，武士家族的几个继承人还要分享这点俸禄，那就更不够用了。因此，选择了武士，就只能限制自己的家族规模。对他们来讲，最令人难堪的，就是承认威望取决于财富和外观，所以，他们给自己定下"俭朴是最高的美德"的信条。

武士与农民、工人、商人这三个阶级之间，还有着一条巨大的鸿沟，后三个阶级是"庶民"，而武士则不是。武士的佩刀不单纯是装饰，他们对庶民可以使用佩刀，佩刀是其特权和阶级的标志。这是德川时代以前的传统。德川家康所颁布的法令中规定："对武士无礼，对上级言而不逊的庶民，可立刻斩杀。"《家康遗训百条》内道："士乃四民之首，农工商辈于士不得无礼。无礼，即心中无士也。于心中无士者，士不妨击之。"又有，宽保三年《彻定书百条》中规定："士虽对步卒无礼，不得已而杀之，经审按后，属实者亦无妨。"这也只不过是以前的传统政策，建立在严格的等级之上，根本没有考虑到要在平民与武士之间建立相互依存的关系。庶民和武士虽然都服从大名的统治，接受他的直接统率，但两者又处于不同的阶层。两个阶层之间的人有着不可逾越的鸿沟，每个阶层从上到下都有各自的法令、规则、统治和义务。两个阶级有时候出于形势会相互沟通，但这毕竟不属于等级制度所固有的东西。

德川时代，武士不仅会舞刀弄剑，他们还渐渐帮助大名管理财产，成为精通各种风雅艺术，如古典乐、茶道的专家。他们帮助大名处理各种文书，还能通过巧妙的手腕来实现大名的谋略。所有文书均由他们处理，藩主的谋略也靠他们的巧妙手腕来实施。在200年漫长的和平岁月里，武士们几乎没有展示自身武力的机会。就像商人不顾等级规定而追求舒适高雅的生活方式一样，武士虽然也时刻准备浴血奋战，但在这个过程中却学到了各种高雅的艺术。

没有法律的保障，农民还是会受武士的欺凌，他们还要缴纳沉重的赋税，又要受各种各样的限制，但还算有些安全保障。在日本，农民拥有自己的土地，这就等于有了威望。德川幕府统治时期，禁止土地永久转让，但与欧洲保护封建领主的利益不同的是，这条法令是为了保护耕作者的利益。农民十分珍视他拥有的土地，他们世代耕作，勤勤恳恳，不辞辛苦。尽管如此，农民像希腊神话里的提坦神阿特拉斯一样，养活了一大群寄生阶级。

这个寄生阶级大约有二百万人，包括将军的政府、大名机构、武士等。他们要缴实物税，将收获的财物上缴给大名来养活这些人。德川时代的传统赋税高达40%，实际缴纳的可能还要高，在有些藩甚至达到80%，而同样是水稻农业国的暹罗，赋税却只有10%。此外，日本还经常占用农民的精力和时间，强迫他们服徭役和无偿服务，所以农民也像武士一样，不得不限制自己的家庭人口。整个德川时代，日本全国人口总数基本没什么变化。而在这样长期和平的年代，一个亚洲国家人口停滞不前，很能说明那个时期的统治状况。统治阶级对武士和农民都实行了斯巴达式的严格限制，但每个阶级的下属与其上级之间也有相对的依赖关系，每个人都很清楚自己的义务、特权及地位，如果这些受到损害，最贫困的人也会反抗。

极度贫困会使农民起来反抗，不仅反对大名，也反对幕府当局。德川氏统治的二百五六十年间，发生过的农民起义就不下一千次，但农民起义也不是反对传统重赋，而是反对额外增收的赋税。因为实在无法忍受，他们才成群结队地去向大名抗议。

但他们的请愿和裁判也要遵守一定的程序，首先要写好废除苛捐杂税的请愿书，呈递大名内臣，如果内臣私自扣压了请愿书，或者大名置之不理，他们就派代表把诉状呈递将军。那些有名的起义，一般都是农民怕诉状被扣压，就跑到京城的大道上拦截将军的轿子，直接呈递状子。尽管这种做法很冒险，但是将军一般收到状子后就会立刻调查，大多数还是农民会获胜。

但是，这样的做法是与日本的法律秩序相悖的。哪怕将军尊重农民，也作出了对他们有利的判决，可有一点是不容忽视的：农民起义者的行为已经破坏了"必须效忠"这一等级制的基本标准。所以不管农民多么有理，他们起义的初衷多么正义，他们都难逃一死。农民们也知道这是在所难逃，但就算被判处了死刑，他们也是大家心目中的英雄。但是当人们聚在刑场上，看着起义领袖被投入油锅，被砍头或被钉上木架，他们亲眼看着行刑，也不会为领袖出头发生暴动。这是法令，是秩序。事后他们可以为死者建祠立碑，奉之为殉难烈士，但他们却认为对领袖处刑是正确的，因为那是等级制法律的核心。

简而言之，德川时代的历代将军都力图巩固各藩的等级结构，使每一个阶级都依靠大名。大名在每个藩中居于等级制的顶端，对属下可以行使各种特权。而将军最主要的任务就是控制大名，他会采取一切手段防止大名之间结成同盟或进行侵略。各藩的藩界设有哨所关卡，对过往行人严格盘查，严禁"出女入炮"，以防止大名私运妇女出境，或偷运武器入境。为了防止各藩之间结盟，大名之间不经将军允许是不能联姻的。藩与藩之间还不能架桥，因此商业的发展也受到了阻碍。另外，将军还派密探监视各大名的财政收支，一旦哪个大名富了，将军就会承包给他损耗极大的建筑工程，这样一来，他的工程完成了，他的口袋也空了。而最有名的一项规定就是，每年大名必须在京城住上半年，返回自己领地时，还必须把妻子留在京城作人质。将军如此费尽心机，才确保了自己的权势，巩固了自己在等级制中的统治地位。

当然，将军在这个拱形的等级制度中，并不是支柱，因为他要通过天皇任命才能执掌政权。天皇和皇宫里的世袭贵族被迫隐居在京城，没有实权，天皇的收入甚至还不如大名，甚至宫廷的一切仪式也由将军严格规定。尽管如此，有权有势的德川将军也没有废除天皇和实际统治者的双重统治。双重统治在日本并不是什么新奇事，从 12 世纪以来，将军就已经剥夺了天皇的实权，开始以天皇的名义来统治这个国家。有一段时间，经常发生权力的委托和再委托，职权分化更为严重。徒有虚名的天皇把实权托付给世袭的世俗首领，权力却又转交给了世袭首领的政治顾问。德川末年，佩里将军也没料想到，将军背后还有天皇。而 1858 年，美国的第一任驻日本使节哈里斯，在和日本进行第一个通商条约的谈判时，也是突然发现还有一位天皇的。

实际上，日本天皇的概念跟太平洋诸岛上其他的皇帝是一样的，他是神圣的首领，可以参与政治，也可以不参与。有些太平洋岛屿的皇帝自己行使权力，有些则把权力委托给别人。但他本身是神圣的。新西兰各部落的神圣首领是神圣不可冒犯的，所以他不能亲自取食而是由专人侍奉，奉食的汤匙不许碰到他那神圣的牙齿。他外出时有人抬着，因为他双脚踏过的就是圣地，只归他所有，别人不能踏足。任何人都不可触摸他神圣的头部，他的话语可以上达诸神。在萨摩亚岛、汤加岛等岛屿，世俗的首领掌管一切政务，神圣的首领则与世俗生活完全脱离。18世纪末，到过汤加的詹姆斯·威尔逊提到那里的政府时说，"它和日本最为相似，所谓神圣首领，其实也是军事将领的傀儡"。汤加的神圣首领不参与政务，只负责主持宗教仪式，他在果园采下第一颗果实，举行了仪式之后，人们才能吃园中的果实。神圣首领去世时，讣告时要用"天堂空了"之类词句，其死后一般会葬入王墓。

日本人认为，天皇即使毫无实权，即使是所谓"军事将领的傀儡"，但他在等级制中也有一席之地，他的身份跟参不参政无关。西方人认为，天皇完全是多余的，但是习惯了等级制度的人，却并不这么认为。在征夷大将军统治的几个世纪中，日本人对天皇和京都的皇宫依然十分尊敬。

从天皇到贱民，近代日本都深深受到了封建时期极其明显的等级思想的影响。这种根深蒂固的民族习惯是不会轻易消失的，毕竟，从法律意义而言，日本封建统治不过是75年前才结束的。下一章我们可以看到，尽管国家的目标有了根本的改变，近代日本的政治家们仍在竭力谋划，试图保存等级制度的大部分内容。与其他主权国家相比，日本更容易受到某种制约，这种制约详细到最具体的行为细节，甚至还规定了个人的社会地位。两百多年间，日本都是靠强权来维持法令和秩序的，他们深信，细致和烦琐的等级制度就意味着安全和稳定，只要在规定的范围内，严格履行自己的义务，这个世界就值得他们信赖。这样，既能消灭盗贼，又能停止大名之间的内战。民众如果能证明别人侵犯了他们的权利，他们就可以像农民受到剥削一样去请愿。这样做虽有风险，却是公众认可的做法。德川幕府统治时期，一个最开明的将军还设置了只有他自己能打开的"投诉箱"，任何人都可以前去投诉。在日本，人们可以获得人身保障，如果出现与现存行为规范相悖的行为，就有人拿规范来矫正侵犯行为。因而，人们非常相信这种规范，并且认为只要遵守它，就会获得安全。这个世界在许可的范围内是一个可知的、可靠的世界，一个人可以通过遵守现行规范来展现自己的勇气和优秀，而不是去修改或反抗现存制度。它的规则并不像《摩西十诫》那么抽象，它具体地规定了这种场合该如何，那种场合又该如何；武士该如何，平民又该如何；兄长该如何，弟弟又该如何，如此等等。

世界上有很多国家实行过等级制度，日本人并没有像其他国家的国民那样变得温良顺从。我们不得不承认，日本各个阶层都是有保障的。每个阶层虽然受到很大的限制，但又是有秩序和安全的。连贱民阶层也得到了保障，他们可以从事规定的特种职业，还可以成立自己的自治团体。

同印度等国相比，日本的等级制还具有某种灵活性。只要不破坏常规，人们就可以通过一些小手段利用这种制度，一个人可以用好几种办法来改变他的身份。日本的货币经济发展了，高利贷主和商人必然会富裕起来。这时，富人就会利用各种方法往上流社会挤。比如，日本虽然规定农民的土地是不准转让的，但是他们会让农民抵押土地来还债，他们靠收取地租而变成了"地主"。日本的地租非常高，他们让农民继续种地显然对自己是有利的，这样一来，商人可谓是名利双收。然后，他们的子女与武士通婚，他们自己也就自然而然变成了贵族。另一种手段就是过继和收养，这其实是一条"购买"武士身份的方法。德川氏虽然百般阻碍，商人还是富了起来。随后，他们就千方百计把自己的儿子过继给武士。这样一来，富商的后代成了武士，贫困的武士则获得了财富。既没有破坏等级制，还能两全其美。经过这种巧妙的手段，商人就能摇身一变成了贵族。其实，日本人通常会招女婿而很少收养子，招来的女婿称为"婿养子"，可以合法继承岳父的一切。但是入赘的女婿也付出了很大的代价，他放弃了自己的姓氏和户籍，而转入妻子家的户籍，和岳父母一起生活。代价虽大，但受益也很多。

日本的等级制并不要求只能同等级内部通婚，人们可以通过合法的手段同其他阶层的人通婚。结果就是，商人跟武士阶层渐渐渗透在一起，这显然拉开了西欧与日本的差距。在欧洲，中产阶级逐渐发展，力量日益增强，并且消灭了封建制度，统治了现代工业时代。日本却没有产生强大的中产阶级。商人和高利货主"购买"了贵族的身份，商人和武士还结成了联盟。但是令人惊讶的是，欧洲与日本的封建制度都濒临灭亡的时候，与欧洲相比，日本却允许阶级流动。最有力的证据就是，日本的贵族和资产阶级之间并不存在不可调和的矛盾。

其实很容易发现，日本这两个阶级是有着共同利益的。商人、金融阶层和武士彼此联合，组成联盟，推翻了腐朽的幕府统治。虽然近代日本仍保留贵族制度，但如果日本没有采取容许阶级自由流动的手段，也不会出现上述情况。阶级联合的状况虽然在法国以及其他个别西欧国家也出现过，但欧洲的阶级性是固定的，所以法国阶级斗争的结果就是贵族的财产被剥夺。

日本人偏爱和信赖那些详尽的行为规范，是因为只要人们遵守规范，就能获得安全。如果有人侵犯他们，他们可以抗议，还可以利用规范来维护自己的利益，它还规定了义务是相互的。19世纪后半叶，德川幕府垮台时，日本也没有任何人主张废除这些规范。日本没有发生"法国大革命"和"二月革命"，但事已至此，德川幕府垮台已成定局。从平民到将军，每人都欠商人和高利贷的债，已无法维持人数众多的非生产阶级的生计和巨额的财政支出。大名也囊中羞涩，无力支付武士的俸禄，所谓的封建系统只能沦为笑柄。没办法，大名们企图加重农民赋税，甚至提前征收好几年的租税，试图苟延残喘，但是这种做法使农民贫困到了极点。幕府也岌岌可危，濒临灭亡。当佩里司令1853年率舰队来到日本时，那里的危机已达白热化。他强行入侵日本，并于1858年签订了日美通商条约，当时日本已完全无力抵抗。

但当时日本的口号却是"一新"——即复辟，恢复王权，这与革命是完全对立的，甚至是落后的。与"复辟"相提并论的口号常常是"排夷"。民众支持回到闭关锁国的黄金时代，但有少数领导人知道这肯定是行不通的，他们极力反对，却纷纷被暗杀。种种迹象都表明，这个讨厌革命的国家肯定不会去顺应西方模式，更不要说五十年后能与西方国家并驾齐驱了。但这一切还是发生了。日本发挥了与西欧不同的自身长处，完成了很多高层人士和一般舆论都不可能料想到的目标。19世纪60年代的西方人，即使能预知日本的未来，他们也绝对不会相信，多年被禁锢在等级制下的落后民众，毅然选择了一条崭新的道路，并坚持走了下去。因为当时没有任何迹象能预示二十年后日本会发生变革，但是不可能的事情就这么发生了。

明治维新

"尊王攘夷"战斗口号的提出，宣告了日本近代时期的到来。"尊王攘夷"即"匡复王政，驱逐夷狄"。这一口号提出的目的，是使日本免遭其他国家的侮辱，并可以使其恢复到天皇和将军的"双重统治"，那个长达十个世纪的黄金时代。在日本的近代时期，京都天皇朝廷是最为反动的。所谓天皇派的胜利，是指在天皇拥护者的心目中，可以让外国人受到屈辱，并且将他们驱逐出去，并且能够重新恢复日本的传统生活方式，剥夺"改革派"在国内外事务上的发言权。日本强大的大名成了倒幕派的先锋，他们只想通过"匡复王政"的方式来取代

图注

　　在明治维新中，来自西南长州、萨摩的武士起到了重要作用，他们大多是年轻的下级武士，有的受过洋学教育及军事训练，有的参加过排外运动，有丰富的战斗经验。照片中为来自萨摩藩的年轻武士们。

德川氏，进而统治整个日本，其实也就是表面上更换一下当权者。而农民们却讨厌"改革"，只是盼望能多保留一些自己收获的稻米。武士阶层则希望继续保持俸禄，并且能在战场上挥刀杀敌，建立功勋。在财政上支持王政复古派的商人们，却从未指责过封建制度，只希望能够推行重商主义。

　　1868 年，倒幕势力取得了战争的胜利，使日本步入了王政复古的时代，这标志着"双重统治"的结束。以当时西方人的标准来看，胜利者推行的是一种极为保守的孤立主义政策，但新政府却在一开始就采取了相反的方针，主要表现在以下五个方面：一、新政府成立后不到一年，就取消了大名在各藩镇的征税权。二、收回了"版籍"，把原来按照"四公六民"规定中，本该交给大名的"四成"归入政府。但是这种剥夺并不是无偿的，政府会发给每个大名相当其正常收入一半的俸禄作为补偿，同时，还免去了他们培养武士以及进行公共建设的费用。武士其实和大名一样，都从政府中领取俸禄。三、在新政府成立以后的五年中，又改革律法，废除了等级间的不平等制度以及标志着等级、地位的服饰，甚至于 1871 年下令"散发"（今指"散发脱刀"），允许人们自由剪发，并废除佩刀，从而破除旧习，提倡"文明开化"，至此贱民被彻底解放了。四、新政府还废除了禁止土地转让的法令，撤销了藩与藩之间的关卡，取消了佛教的国教地位。五、到 1876 年，还把大名及武士的俸禄折成偿还期为五至十五年的秩禄公债，并一次性给付，其数额则按每个人在德川时代所领取的固定俸禄额而定。这一笔钱为供他们日后创办新式的非封建性企业提供了经济支持。"早在德川时代，就已经有了商业金融巨子与封建土地贵族的特殊结合，这种新式企业的创办，无非是证迹俱在事实的最后确立。"

但是，新生的明治政府有些重大改革措施是不得人心的。当时，大部分人认为 1871 年至 1873 年侵略朝鲜的战争所带来的实惠，远比这些改革措施显得更有现实意义。而明治政府非但没有动摇其彻底改革的方针，还否决了侵略朝鲜的计划。这也体现出明治政府的施政方针，与那些为建立明治政府而艰苦奋战的绝大多数人的愿望，形成了强烈的对立。以至于在 1877年，这些对立派的伟大领导人西乡隆盛组织了大规模的反政府叛乱活动。他的军队代表了尊王派，维护封建制度的全部愿望，而明治政府在"王政复古"实现后的第一年，就背叛了这种愿望。于是，明治政府招募了一支义勇军，完全由一般平民组成，击溃了西乡隆盛的士族军队。不过，这次叛乱活动也足以证明，当时新政府的改革方针引起的国内不满情绪有多么的强烈。

除了上层党派之间的不满以外，下层农民的不满也是同样的强烈。从 1868 年到 1878 年，即明治政府成立的最初十年，曾爆发了至少 190 起农民起义。直到 1877 年，新政府才意识到严重的国内矛盾，开始有意缓和，减轻了农民身上背负的重税，由此看来，这也充分说明了，在明治新政府的眼中根本就没有广大的农民们的存在。农民们除了不满重税以外，还反对建立学校、实行征兵、丈量土地、下令散发、给贱民平等待遇、官方对佛教的限制、使用阳历，以及强制改变许多他们久已习惯的生活方式等措施。

那么，是什么人让这个刚上台的"新政府"推行如此激烈而又不得人心的改革呢？是在封建等级制度的影响下，日本自身所固有的特殊习俗孕育下的下级武士和商人的"特殊联盟"。然而这些武士并不是普通的下级武士，他们作为明治政府的心腹家臣，担负着重要的职责，他们手中掌握着政治大权，想通过权力来磨炼其政治手腕，他们还经营和管理各藩镇的垄断企业，如矿山、纺织、造纸等；而商人们则通过购买武士身份进入到权力管理阶层，并在武士阶层中普及一些必要的生产技术知识。最终这种武士和商人之间的联盟就把那些充满信心、精明强干的人才推到了政治舞台上，为当前的政府出谋划策并负责贯彻落实。其实，人才问题的本身，不在于他们出身于哪个阶级，隐藏着什么样的家庭背景，而在于他们自身为什么能如此聪明干练，并敢于将一些新事物付诸实践。19 世纪后半叶，刚刚脱离中世纪的日本，其国力的衰弱程度犹如今天的泰国，但是在这样衰弱的情况下，却能产生一批能洞察形势、有预见能力的先锋领导人，他们成功推行了一个最能展现其政治手腕的大改革、大事业，其成功是任何一个民族曾尝试过，但未获得过的。但是改革是有利亦有弊的，这主要归因于领导人身上的优点和缺点，而这些优缺点又都来源于传统的日本人的民族特性，本书的目的就是要探究这种民族特性的历史来源和发展趋势。现在，我们先来了解一下明治政治家们是如何完成这一事业的。

明治政治家们根本没有把这次改革看成是意识形态的革命，而是当做自己的一项事业。他们最终的目标就是要使日本成为世界上的一个强盛大国，无论是在经济上、军事上抑或是政治上。政治家们并不是封建制度的铲除者，他们既没有把封建贵族骂得体无完肤，也没有剥夺其经济财产，而是用丰厚的待遇去诱惑他们，使他们永远支持这个刚成立的政府。而且明治政府的改革也使得农民的生活有了彻底的改善，质量有所提高。然其之所以晚了十年之久，也是有原因的，与其说是阶级立场的不同，使得明治政府拒绝农民对其的要求，不如说是因为明治初期国库上的财政状况紧缺而导致的。

掌控明治政府政治大权的那些精明能干的政治家们，反对废除一切封建等级制度。他们提出的"王政复古"的口号，让天皇成为了一切的主宰，使得天皇的地位达到了巅峰，加强了中央集权，并因此废除了将军制，简化了等级制。除了国家内部的改革之外，明治政府的政治家们又废除了地方的藩王制，消除了人们是应忠于国家还是忠于藩王之间的矛盾。但是这些表面上的改革方针并没有从根本上否定等级制，只是简化了等级制的层级。那些被人们称为"阁下"这个高级称呼的新领导人，为了向本国的国民推行他们的卓越纲领，并使他们能够接受和完全服从，开始不断地加强中央对地方的强制统治。政治家们采用恩威并施的方法，一边不断地施加压力，一边又在给予点点滴滴的恩惠，以求达到他们政治统治的目的。虽然明治政府采取了这种表面上看起来两全其美的方法，但是，在公共舆论的压力下，农民反对改用阳历、建立公共学校以及废除许多对贱民的不平等待遇等等方面，明治政治家们从来也没想要去迎合和接受他们的想法。

在上面我们所提到的明治政府采用了恩威并施的方法，其中的"恩"之一就是指在1889年日本天皇赐给人民的《大日本帝国宪法》。这部宪法的颁布，使得普通人民在国家中也有了属于自己的地位，并设立了维护人民的议会。这部宪法是政团"阁下"们经过对西方各国宪法的研究、筛选和总结之后，才得以拟定完成的。不过，宪法的起草者金子坚太郎在颁布宪法的过程中，为了以防万一，便采取了一切预防措施，用以防止舆论的侵扰和人民的干涉，负责起草宪法的机构是制度取调局，它是隶属于官内省的一个单位，是神圣而不可侵犯的。

在这场改革中，明治政府的政治家们非常清楚自己实施改革的目的。在1889年，宪法草拟者伊藤博文公爵曾派遣金子坚太郎等五人，携带英文版本的日本宪法前往欧洲各国，征求四方的意见，而且还特意前往英国，就日本目前存在的问题，听取了斯宾塞的意见。这次会见经过了漫长的交谈后，斯宾塞特意写了一封信，在信中阐述了一些自己的意见，并将其寄给了伊藤博文公爵。关于日本的封建等级制度，斯宾塞在信中写道，日本是一个非常传统的国家，而且在其传统的习俗中存在着一个利国利民、无与伦比的基础，应当加以培养和维护。他还说，日本人民对长辈的传统义务，尤其是对天皇的义务，是日本的一大优点，应继续保持。这样日本将会在"长辈"的领导下稳步发展，并能克服个人主义给国家带来的种种无法避免的困难。这封信坚定了明治政治家们的信念，他们对此都十分满意。因此他们在现代世界中，也努力保持着日本传统中所特有的这种"适得其所"的优点。所以他们在改革中并没有完全废除等级制，也没有破坏等级制这种传统习惯。

明治新政府的政治家们无论是在政治、宗教、经济还是在社会的其他活动领域中，都明确规定了国家和人民应保持的那种传统的"各安其分"的义务。但是整个义务的安排和履行却和美、英等国截然不同，以至我们经常会忽视其最基本的要点。统治阶层掌握着整个国家的政治大权，不需要服从于社会公众舆论。政府掌控在封建等级阶层最上层的人物手中，并不包括通过选举产生的人物。所以关于政治大事，人们是绝对没有任何发言权的。随着时代的不断发展，在1940年，新政府的一些最高层的组织者可以随时"谒见"天皇，向天皇阐明自己的一些想法和观点，有助于国家和人民。而这些组织者包括政府重臣、天皇身边的顾问，以及被天皇直接任命的官员，其中包括阁僚、府县知事、法官、各个局长及其他高官。而通过大家选举产生的官员就没有这种权利，也无法达到封建等级制中这么高的地位，享有这么高的待遇。由选举产生的议员，连最基本的发言权都没有，更别提其他方面的权利了，比如遴选干部、对内阁成员及大藏省或运输省局长的任命等等。这种经过普选产生的众议院，代表了日本所有国民的意见，它虽然有对政府高官提出质询或批评的某种特权，但却对官员的任命、政府的决策或财政上的预算等没有任何的发言权，也不受法律的维护。众议院除了缺少发言权之外，还受到不需经过选举而产生的封建贵族院的制约，贵族院中的贵族议员占了半数以上，还有四分之一是由天皇进行直接任命的。在律法上，贵族院对各种法律的批准权和众议院几乎是相等的，这又加强了政府对人民的一种封建等级性的控制。

明治政府这种相互制约的方法，既可以平复人民心中的怨气，也保证了对政府领导权的绝对控制，使得高级职位都掌握在"阁下"们的手中。但是，这决不意味着日本在其"各安其分"

的体制下完全失去了自治权。在世界上所有的国家中，无论属于何种政治体制，上面的权力始终都会下放到地方，与地方的自治权相互碰撞。而国家之间最大的不同，则是所谓的民主到底是怎么样的，达到了一种什么程度，需要付出多少责任，国家对地方的管理存在多大的自由空间，能否对整个地方共同体负责，或者国家会不会被地方势力所垄断，以至危害社会公共安全和利益。例如，德川时代的日本就和中国的社会单位很相似，其中最小的社会单位是邻组，大约是由五到十个家庭组成的，这是居民日常生活中最小的责任单位。而作为这个"邻组"的组长，不仅对组内的一切事情具有绝对的处置权，还必须保证这个小组内所有家庭成员的态度积极和行为端正，如果遇到有可疑的人或行为出现时，应向上级报告，发现在逃犯时，不仅要及时报告，还要协助政府进行抓捕，保证组内成员甚至是整个社会的公共安全。起初的时候，明治政府的政治家们曾废除了这个最小的社会单位，但是后来又恢复了，并称为"邻组"。政府为了更好地进行社会管理，曾在市镇中积极创立并发展"邻组"这个权力虽小，但责任重大的单位。而它在农村已经起不到什么作用了，逐渐失去了它的意义。取而代之的是更为重要的单位——部落。部落在时代的进程中既没有被废除，也没有被编入到权力政府体系当中，它属于国家权力的一个盲点。部落是由十五个左右的家庭单位组成的，部落直到今时今日仍发挥着组织管理的作用。部落也和"邻组"一样，有一个领导，那就是部落长，部落长每年都会被重新选举和更换。一个部落的部落长的任务是很繁琐的，涉及生活中的方方面面，主要包括：

监督部落遇丧或遭受灾难的家庭，并给予物质或者是精神上的援助；"管理部落的财产，监督其日常开支；安排耕作、修路、盖房等公共作业的日程，如果有火灾发生，则负责振铃，通晓大家；在休息日则负责敲钟击梆，以示通告。"由此可以看出，日本的部落长只负责居民的日常生活和工作，不像其他亚洲国家那样，还要肩负征收其共同体需上缴的国家的赋税这项重任。所以，部落长们所处的地位不会与上层封建统治阶级发生任何矛盾，他们只是在民主责任范围内行使自己的权力。

近代时期，日本的地方行政区域机构划分为三个等级：市、町、村。每个地区会由公选出的"长者"们推举一位头人，代表本地区与代表国家的中央政府，或者是府县公署进行交涉或办事。在农村，这个头人通常是一位久居的居民和拥有相当土地的农民家族中的成员。这个成员当上了一村之长后，在经济上会或多或少地受到一些损失，但是在权力的管理范围上却越来越宽泛，是很有权势的。村长与村里的长者们一同管理着村里的大事小情，比如：财政、公共卫生、学校，尤其是财产登记和个人情况。而村公所就是他们进行办公的综合场所，所以这里是很繁忙的，它不仅要管理着国家下拨的小学教育补助费，并监督其开支状况，还要征收由本村负担的、需要上缴的教育经费，共同管理本村的共有财产及其租贷事宜，改良土壤、植树造林，以及对一切财产买卖活动登记在册，但是这种财产买卖活动必须经过村公所的正式登记后才能合法有效。村公所要求本村的每个村民都必须进行登记，包括家庭住址、婚姻状况、子女的出生、过继和收养、有无前科以及其他相关的资料。登记的材料不只在村公所保存一份，每户家庭也需要保存同样的材料。这样，不管任何一个人到任何地方工作或者生活，关于他的材料都可以从这个地方，直接提供给这个人所在的原籍村公所并且记入他的册籍。比如某一个人在申请就业或者是法律审判、又或者需要证明其身份时，都必须给他的原籍市、町、村的公所写信，或者是本人回到原籍，获得一份本人材料的副本交给需要其身份证明的单位。所以，在外地生活和工作的人们都必须遵守法律的各项规定，不能逾越，否则是会给自己或家庭留下不良记录的。

所以，市、町、村这种行政区域的划分对人民的生活和工作负有很大的责任，是一种共同的责任。日本于1920年出现了全国性的政党，世界上的绝大多数国家都会有多党轮流执政的局面出现。但是无论是哪个政党执政，都不会影响到地方行政机构。它们仍然是为共同体服务，为"长者"们所领导。虽然地方机构不会受到上层建筑的影响，但是它也有自己的局限性，比如自治权，主要表现在以下三个方面：一、所有的教员都是由国家任用的。在日本，国家对学校的规定是很严格的，无论是学生还是教员，都必须遵守学校的各项制度，但是学校的教员并不是固定的，时常会有所调动。日本和法国一样，所有学校在同一天都使用同样的教科书，上着同样的课，所有学生每天早晨都在同一时间，同样的广播伴奏下，做着同样的早操。二、所有的法官都是由国家任命的，因为在日本，几乎所有的民事诉讼都是通过调停或者仲裁来解决的，所以法院和法官在地方行政中几乎起不到什么作用。三、所有的警官都是由国家启用的，警官这个职位比起法官来说，会更重要一些，每当有临时集会的时候，他们都必须到场维护秩序。但是，这种任务并不是常有的，警官大多数时间都会用在记录居民身份和财产上。警官和教员一样，也会被政府调来调去，以保证其局外人的身份，避免区域性的联系。因此，学校、警察和法院是受国家直接领导的，地方不能对其行使自治权。

日本的政府机构与美国的政府机构是大相径庭的。在美国的政府机构中，通过选举选出来的人具有最高的行政立法权，而地方的则是由在地方指挥之下的警察和法院来进行管理的。但是，日本的政府机构却与荷兰、比利时等西欧国家在形式上没有什么两样。例如，荷兰和日本的相同表现在四个方面：一、都是由女王的内阁来负责起草一切法律条文，而不是国会。二、地方的行政长官也是由法律规定上的女王来任免，因此可以看出女王的权力是广泛的，可直达地方事务。但是荷兰女王的权力的广泛性甚至超过了1940年以前的日本。三、虽然地方长官是由地方提名的，而女王通常也不会反对，但是正式的任命却必须经过女王的批准。四、警察和法院都直接对君主负责。但是，日本的学校制度几乎全部照抄法国，而在荷兰，所有的宗派团体都有权利创办学校。在运河的开凿、围海造田以及发展地方事业方面，在荷兰，大体上都属于地方自治体的任务，而不是通过政治选举产生的官员们的任务。

其实日本政府机构和西欧各国政府机构之间的真正差异，并不在于形式，而在于职能。日本人遵守传统的恭顺习俗，按照这种在过去的经验中熔铸出来的习俗来行事，并且融进了道德和礼仪的元素。在日本，越过特权界限就是犯错误，只要政府的那些

"阁下们"各安其分，守职尽责，那么他们的特权就会得到人民的尊重和拥护，但这并不意味着人民赞同他们的政策。在政府高层的眼中和心中，"人民的舆论"是没有丝毫地位的，他们只是要求能得到"国民的支持"。当国家的权限超过了其实际的管理范围，进而干涉到地方事务时，不但不会受到指责，还会获得尊重。但是对于国家政府内部发挥职能的各个机构，美国人会感到是一种无法避免的障碍，而在日本人的眼里，国家是近乎至善的。

除此之外，日本政府还十分注重国民意志的"适得其所"。只要是在合法的公众舆论领域范围内，为了国民自身的利益，日本政府还是会很努力地去恳求人民同意，这样说并不过分。例如，负责振兴农业的官员在改良旧式农耕法时，就和美国爱达华州的同行们一样，几乎不会靠权力来进行硬性推广。在鼓励建立由国家担保的农民信用合作社、农民供销合作社方面，政府官员总是要和当地的名流进行多次交谈，并最终听从他们的决定，因为地方上的事必须由地方解决。日本人的行政方式是很特别的，就是给予适当的权力并规定其行使范围，使权力在范围中运行。日本人比西方人，更加尊重"上级"，所以上级也给予他们更多的行动自由，但是"上级"也必须严守自己的本分。日本人有一句有名的格言："万物各得其所，各安其分"。

在宗教方面，明治政府的政治家们制定了更为奇怪的制度。但是他们依然实践着自己的那条格言。他们把宗教归属于国家的管辖之下，将其称之为民族优越与统一的特殊象征，而其他信仰则属于个人自由。这种国家进行直接管理的宗教，就是国家神道。由于它被赋予了民族特征而受到了特殊尊敬，就好像美国对待国旗一样。所以，在日本人的心目中，国家神道并不是一种宗教信仰。日本政府因此要求全体国民都必须信奉国家神道，而不认为这违反了宗教信仰自由的原则。这就是一种对国家、对民族忠诚的象征，就和美国人民对国旗敬礼一样。国家神道因为不属于宗教范畴，所以可以在学校里教授，而不会受到其他西方国家的非议和责难，在学校里，国家神道成了日本神代①以来的一种历史，和对"万世一系的统治者"天皇的崇拜。国家神道受国家的直接领导和财政支持。但是对其他宗教信仰而言，比如佛教、基督教，甚至是日本的其他教派的神道或祭祀神道，就是听凭个人意愿，不带有强制性，这和美国很相似。由此可见，这两种不同的教派在政治上和财政上是完全分开的：国家神道受内务省神祇局的管理，它的神官、祭招、神社等一切祭祀费用均由国库承担；而一般祭祀神道以及佛教、基督教，各种教派则由文部省宗教局管理，其经费需靠教徒自愿捐赠。

由于日本政府对国家神道的不同立场，所以说国家神道即使不是一个庞大的"国教会"，但至少可以说它是一个庞大的机构。目前全国各地有十一万多座神社，包括祭祀天照大神的伊势大神宫以及特别祭典时才进行清扫的地方小神社。而神社的神官系统的等级划分与政府系统是一样的，从最基层的神官到各郡、市和府县的神官，直到最高层被尊为"阁下"的神祇官。这些神官，

---

① 神代，指日本诸神统治的神话时代，具体指日本神武天皇即位以前的时代。神武天皇是日本传说中的第一代天皇，于公元前660年即位。（编译者注）

078

与其说是领导民众进行祭祀，不如说是代替民众举行仪式。上面已经说到，国家神道和其他的教派是完全不同的，它不属于宗教，而且法律禁止国家神道的神官们宣讲教义，所以它的祭拜仪式也不可能被西方人所了解。在日本普通的祭祀日里，町、村会选出一个代表进行参拜。这个代表会站立在神官面前，神官会举起一根扎着麻绳和纸条的"币帛"，在他们的头上来回挥动，为他们祛邪。接着，神官会打开神龛的内门，放开嗓子大声尖叫，祈求众神快快降临，享用丰盛的供品。这时神官会进行祈祷，参拜者们依照各自的身份进行排列，恭恭敬敬地将自己手中被称为神圣之物的小树枝供上，树枝上还垂着一些纸条。祈祷结束后，神官会再度尖声喊叫，送回众神，关闭神龛内门。但是在国家神道的大祭祀日里，天皇要出席，亲自为国民致祭，政府各部门也会放假休息。它和地方神社的祭祀日，以及佛教的祭祀日不一样，不属于群众的祭祀节日。而地方的祭祀日和佛教的祭祀日则属于个人"自由"领域，不在国家神道的范畴之内。

在这个自由领域中，日本人可以任意选择自己心仪的教派，并参加各种祭祀活

图注

1868年1月3日，明治天皇颁布"王政复古大号令"，宣布废除幕府，并命令德川庆喜"辞官纳地"，将一切权力重新归于天皇。明治维新后，政府宣布政教合一，将赋予了天皇神性的神道教尊为国教。图中为1868年底从京都前往东京的明治天皇。

动。佛教是至今为止很多人心目中的理想宗教，是非常活跃的。除了国家神道以外，还有其他的神道教派。有些神道教派早在20世纪30年代政府实行国家主义之前，就已经成为了一种保护国家的堡垒，还有一些教派是用于精神治疗的，有的教派信奉儒家教义，有的教派则专门从事神灵显圣和参拜圣山神社的活动。老百姓的祭祀节日是属于个人活动，多数不在国家神道的范畴之内。在祭祀节日里，老百姓会涌至神社门前，漱口祛邪，做拽绳、打铃、击掌等各种活动，以召唤神灵降临。接下来，他们会恭恭敬敬地行礼，礼毕后再次拽绳、打铃、击掌，以将神灵送回。然后，人们会离开神社殿前，开始这一天的各项主要活动，比如在神社院子里摆摊的小摊上购买珍品玩物，观看相扑、祓术①以及有小丑插科打诨逗笑的神乐舞。有位曾在日本居住过的英国人，说每次参加日本的祭祀节日，就会想起威廉·布雷克的一节诗：

> 如果在教堂里给我们几杯啤酒，
> 一片欢乐之火，温暖我们的灵魂。
> 我们将终日唱诗，向上帝祈祷，
> 永远不会离开教堂，绝不会离经叛道。

　　日本除了极少数需要献身的宗教以外，其他的宗教决不会使人感到严酷。日本人喜欢长途跋涉到远处去朝山拜庙，这是他们休闲娱乐的一种方式。

---

① 祓术，降魔驱妖一类的法术。

明治时期的政治家们，将政治中的权能范围和国家神道在宗教中的职能范围，做了一个很细致的划分。然而关于其他领域，他们会把权力交给人民，让人民来处置。但是和国家有直接关系的事情，作为新政府的领导人，他们会加以控制和把握。例如在创建陆海军时，就出现过类似的问题。在军队中，他们废除了旧式的等级制度，而且比在百姓中废除得更为彻底，甚至还废除了日本的敬语，虽然有些旧习得以保留。在军队中，军人职位的晋升不是看其家庭背景，而是完全凭借个人的能力，这可以看出封建等级制度在军队中得以被彻底废除。它被废除的彻底程度是其他领域少见的。也正因如此，军队在日本的声誉很高，而且他们是当之无愧的，这是军队甚至是政府赢得民心的最好办法。还有同一地区的乡邻会被编入到一个单位，在这种和平年代，他们都离家很近。这不仅使士兵与地方能常保持联系，而且在两年的服役期间，使军官和士兵、老兵和新兵的这种新兴关系，代替了传统的武士与农民、财主与穷人的关系。在世界的大多数国家，军队都被用作维持现状的巨大力量，但是在日本，军队是很同情小农阶级的，这种同情甚至还激起了军队向大金融资本家及企业家的抗议浪潮。所以，日本的军队在许多方面都起到了促进民主的作用，可以称得上是真正的人民军队。

但是建立起这样一支人民军队的后果，是日本政治家没能预见的。他们也许并不认为在这样的阶层中可以确保军队在等级制中的最高地位是合理的。但是为了达到这一目标，政府的最高层还是采取了一些措施。这些措施虽然没有被写入宪法，但却保留了军部首脑们对政府应保持独立性的一致意见。例如，陆海军大臣与外务省及内政各省大臣的意见出现不同时，陆海军大臣有权直接谒见天皇，并且可以以天皇的名义强制实行他们的措施，并无须向文官内阁成员通报或协商。他们还可以阻止自己不信任的内阁组织成立，办法是只需要拒绝派遣陆海军将领进入内阁即可。这种没有现役高级军官担任陆海军大臣的内阁，是无法成立的，因为退役军官和文官是不能担任这个职务的。但是，对于内阁的一切行动，军部如果有任何不满，就可以召回他们自己的代表以迫使内阁解体。在这个最高决策阶层中，军部首脑绝不容许任何人干涉他们的行动。如果还需要做进一步的保证，那么宪法中有这样一条规定：如果帝国议会否决了政府所提出的预算草案，政府将自动取消当年的草案，执行前一年度的预算草案。比如日本占领东三省，当时尽管外务省作了保证，但是日本关东军还是武装占领了整个满洲国，这就是军部首脑趁内阁意见出现分歧、决策未定的时候，支持当地司令官进行侵略的一个真实例子。军部和其他领域一样，凡是有关等级特权的事，日本人都敢于接受任何后果，这并不能证明他们同意最高层提出的政策，而是因为他们不赞成僭越特权。

在发展工业方面，日本所走的是一条与西方任何国家都完全不同的道路。它是由政府的"阁下"们出谋划策，制定准则。他们虽然制订计划，但是却由政府创办并以资金资助他们认为必要的企业，这些企业是由政府官僚进行管理和决策的。他们还专门聘请了外国的资深技术专家，并派人出国学习先进经验和技术。但是当这些企业"已经组织完善，业务兴隆"之时，政府就会将它们卖给一些私人企业。所以这些由政府创办的企业就以"低廉得让人觉得不可思议的价格"被卖出去了，卖给那些经过筛选的商业金融巨子，即以三井、三菱两家为中心的两大财阀集团。在日本政治家看来，发展工业是关系着日本民族存亡的大事，决不能相信市场供求法则和企业自由。真正获得厚利的是那些大财团。日本所期望的是，以最小的失败和最少的浪费来建立它最需要的企业。

由此，日本改变了资本主义发展的固定模式，没有遵照"资本主义生产阶段的出发点和正常顺序"的发展规律，没有从生产消费品和轻工业起步，而是一开始就大量创办起着关键作用的重工业。例如造船厂、兵工厂、炼钢厂、铁路建设等都被赋予了优先发展的权利，使其拥有了先进的技术水平，并得到了高速有效的发展。而且，这些企业并没有被全部转让出去，庞大的军事企业仍然掌控在政府官僚们的手中，并享受着政府的特殊津贴。

在政府给予优先发展权的产业中，轻工业生产者和非官僚经营者并没有得到他们的"应有地位"。只有国家和受国家信任，而且在政治上享有特权的大财阀们，才能得此殊荣。但和日本其他的领域一样，产业界也有其自由。那就是用最少的资本，最大限度地利用廉价劳动力来获取各种"剩余"产业带来的庞大价值。这些轻工业虽然没有现代技术的支撑，但是直到今天还依然顽强地生存在美国人俗称的"家庭血汗工厂"中。例如一个小商品生产商购进原料后，会把原料交给一个只有三四个人的小工厂或是以家庭为单位的工厂进行加工，加工完成之后会进行产品回收，然后再贷给别的工厂进行二次加工，再次回收，这样的程序经过多次，把最后的成品卖给出口商或者是其他商人进行售卖。在日本的 20 世纪 30 年代，轻工业领域中的雇佣人员，有百分之五十三以上是在这种小工厂或者是家庭工厂里工作的。这些职工有很多都受到古老的学徒制中"家长式庇护"的影响。但是在当今大城市的许多家庭中，依然可以看到不少身背婴儿的母亲在干计件零活。

在日本的各种生活方式中，工业领域中的双重性和政治宗教领域中的双重性是一样的，都具有重大意义。这就是说，一个日本政治家除了掌握政治以外，还必须要有一个在其他领域能与等级制度相匹配的金融界贵族伙伴。这个政治家会为他们的金融界伙伴创办一批具有战略意义的企业，并挑选一些在政治上有一定特权的商人家族，使他们与其他等级制度中的人员建立长久的联系，以获得"适当地位"。在日本政治家们的头脑中，从来没有想要切断政府与这些金融界寡头的联系，事实上他们在政治保护政策下能获得巨利，政府不仅可以给他们利润，还可以提供其很好的地位。从日本人对金钱及利润的传统态度来说，金融界贵族难免会受到民众的攻击，政府应该尽量按照大家承认的等级制观念来帮助和支持这些贵族。不过，这种办法并未完全获得成功，因为财阀仍会不断受到来自所谓少壮派军官团体和农村的双重攻击。但是事实的真相却是，日本舆论攻击的矛头并不是财阀，而是"成金"大户。所谓"成金"，常被说成是"暴发户"(Nouveauriche)，但是这个词没有能准确表达日本的感情。在美国，"Nouveauriche"的含义严格说来是"新来者"的意思。有些人之所以会遭人嘲笑，是因为他们不懂得与人进行交际，而且没有丝毫的道德修养。但是，他们这种缺点却被突如其来的富有抵消了。这些暴发户都是白手起家的，从一个一文不值、让人瞧不起的底层人变成了今天拥有几亿身家的石油大亨。但是在日本，"成金"一词来自象棋，意思是一个小兵卒突然变成了拥有政治大权的女王。他像"名士"一样神气十足，把任何事情和人都不放在眼里，但是在等级制面前，他会显得很渺小，小到根本就不用理睬他。在人们的心目中，"成金"是靠诈骗、剥削才能致富的，因而对"成金"者极尽指责和辱骂，这和美国人对"白手起家者"的态度，简直是天壤之别。日本根据封建等级制度对所有的巨富授予他们应有的地位，并且和他们建立联系。但如果他们所得到的财富不是在他们所在的领域中获得的话，日本的公共舆论就会进行猛烈的抨击。

总而言之，日本人在建立世界秩序时，会首先考虑到等级制。即使在家庭以及社会人际关系中，年龄、性别、辈分、阶级等因素都会决定着人们适当的语言和行为。而且在政治、军队、宗教等各个领域中，都有十分细致的等级划分，无论是对上层建筑还是对下层百姓，只要逾越其特权范围，就会受到惩罚。所以只要"各得其所，各安其分"的格言得以继续保留，日本人就会很满意地生活下去，他们也就会充满安全感。但是，即使这种最高的幸福可以受到保护，他们也会时常感到不"安全"。他们感到"安全"是因为将等级制视为合法制度。这是日本人人生观的重要特征，和美国人将平等与自由企业的信赖看成是其生活方式的特征一样。

但是，如果日本人想把这种"安全"向外界输出，那么他们就会遭到社会的惩罚。日本的等级制度与老百姓的思想是很吻合的，那是因为等级制度是培养这种思想的肥沃土壤。在这样的世界里，人们的野心只能靠这个世界扎根并吸取养分。所以，等级制是一个国家固有的东西，绝不是能随意输出并加以利用的玩意儿。在别的国家看来，那些漫无边际的主张，简直是狂妄至极，有时会变得很恶劣，以至于让人们万分愤慨。例如，在二战期间，有些日军官兵会去各个占领国看看，当他们看到当地居民们对他们表示害怕，甚至是厌恶反抗的时候，一直很不解。日本政府不是提供给他们等级制中的一个位置了吗？虽然这个位置很低级，但总的来说也是一个可以显示身份的位置嘛。此外，对底层的人民来说，等级制给他们的待遇应该是很理想的。此外，日本军部还下令拍摄了几部关于中国热爱日本的战争片子，片中屡遭生活挫折、悲惨绝望、对社会失去信心、终沦落到烟花之地的中国姑娘，由于受到了日本士兵或者是工程师的关爱而结合，最终过上了幸福生活。日本的这种表面怀柔政策和纳粹的硬性战争征服论相比，确实存在着很大的差距。但是日本这种阴险的招数还是被拆穿了，最终没有获得成功。因此日本人绝不能拿衡量自己的标准来要求世界上的其他国家。他们的错误归根结底就是他们自信这样做可以行得通。但是他们没有充分意识到，自己对"各安其分"的日本道德观是心满意足的，而别的国家是无法接受的。因为其他国家根本不存在这种传统道德观，它只适用于日本本土的人民，所以这是货真价实的日本特产。但是，日本的作家们却把这种伦理体系视为一种理所当然，在这里也就不加论述了。我们要想从根本上了解日本人，就必须先从这种伦理体系入手。

第 五 章

历史和社会的负债人

在英语中，我们过去常说自己是"历史的继承人"。两次世界大战和那场经济危机，或多或少减弱了我们说这话时的自信。但是，这种变化并没有让我们对过去赋有更多地负罪感。东方民族却有着相反的观点，总自认是历史的罪人。我们把东方人这种崇拜称之为祖先崇拜，其实这里面大部分并不是真正的崇拜，所崇拜的也不完全是他们的祖先。这只是一种仪式，表示人们欠过去的历史一个债。他们对过去和现在的历史都欠着债，而且，随着时间地流逝，这种债务会日趋增加。他们的日常行为和思想都出自这种负罪感，这是基本出发点。西方人极端轻视对社会欠恩，尽管社会给他们以很好的照顾、教育、幸福生活，包括他们的降临人世。因此，日本人总感到我们的动机不纯正。在日本，品德高尚的人不像我们美国，他们绝不说不欠任何人的恩情，他们绝不轻视过去。在日本，所谓"义"就是确认自己在各人相互有恩的巨大网络中所处的地位，既包括对祖先，也包括对同时代的人。

　　东西方之间如此巨大的差异，讲起来很简单，但是要想了解这种差异在实际生活中所造成的后果就很困难了。我们却必须了解这种差异在日本的情况，否则既无法理解我们熟悉的日本人在战争中那种极端的自我牺牲精神，也无法了解日本人那种在我们看来毫无必要的易怒态度。负恩令人非常容易动怒，日本人证明了这一点。它也使日本人肩负了巨大的责任。

中文和日文当中都有许多词汇表示英语中的义务。这些词汇不是同义词，其特殊含义也无法译成英文，因为它们所表达的观念对我们而言是陌生的。日文中相当于"Obligation"，表示一个人所负的债务或恩情的词，从最大到最小，都称作"恩"。其用法，可译成一连串英文，从"Obligation"（义务）、"Loyalty"（忠诚），到"Kindness"（关切）、"Love"（爱），但这些词都不免偏离了原意。

如果"恩"的含义确实是"爱"或甚至是"义务"，那么日本人也可以说"受孩子的恩"，但这种用法在日本根本是不可能的。"恩"也不意味着忠诚。在日文中，忠诚是用其他词来表示的，那些词绝不是"恩"的同义词。"恩"这个词有许多用法，其中有一个意思是共通的，就是承受的负担、债务、重负。一个人接受上辈、上级的恩，如果不是从上辈、上级，而是从同辈受恩，那接受者就会有一种不快的自卑感。日本人说"我受某人之恩"，就等于说"我对某人负有义务"，并且把这位债主、施恩者称作"恩人"。

"记恩"，也是日本人一种真诚相待的流露。日本小学二年级教科书中，有一个小故事，题目叫"不忘恩情"，就是这个意思。这是少年修身课教材中的一段故事：

"哈齐是一条可爱的纯血统秋田犬。它刚出生就被抛弃，

图注

忠犬八公是日本极具传奇色彩的忠犬，不仅它的像被树立在涩谷车站前，死后制成的标本还被保存在上野国立科学博物馆。1924年，东京帝国大学（现东京大学）农学部教授上野英三郎开始饲养该犬，并取名为"八公"。每天八公都会在家门口目送上野教授上班，并且在傍晚的时候到涩谷站去迎接主人下班。1925年5月，上野因病猝然去世，然而八公犬依然每天到涩谷站去等候主人的归来，直到最后死去。八公在日本人心中的地位充分表现了日本文化对"念恩"的推崇，图中为八公与主人的合葬墓。

一位大学教授救了它。在教授眼里把它当做自己的孩子，在主人的精心爱护下，它慢慢变得强壮了。它每天送主人去车站上班，等到主人下班快回来时，就自己跑到车站接主人回家，风雨无阻，从不间断。

"不久主人在工作中不幸病逝。哈齐似乎不愿接受这个事实，它仍然坚持每天寻找主人。每当电车到站，它照例提前跑到那个车站等着它的主人。

　　时间过得很快，一年、两年、三年过去了，甚至十年都过去了，但仍然可以看到每天在车站前寻找着主人的哈齐。"（寻常小学校用修身课本第 2 册，昭和十年 12 月发行。）

　　这个短故事的道德含意就是：爱的别名正是忠诚。一个孝顺母亲的儿子可以说是不忘母恩，也就是说他对自己的母亲怀有像哈齐对主人的那种赤诚。"恩"这个词不单纯指他对母亲的爱，而是指他对母亲所欠的一切，包括婴儿时期母亲的哺育照顾，孩提时期母亲所做的牺牲以及成年后母亲为他所做的一切，总之，包括母亲在世时对她所负的一切恩情。"恩"也意味着对所欠恩情的回报，从而就有了爱的意思，但其本义是负债。我们美国人则认为爱是不受义务约束的，而是自由给予的。

　　恩，在用之于第一位和最大的恩情、亦即"皇恩"时，是在无限忠诚的意义上使用的。这是天皇的恩情，每个人必须以无比感激的心情来恭受。他们认为，自己有幸生在这个国家，安居乐业，万事称心，就不能不感谢天皇所赐的恩典。在整个日本历史上，一个人一生中最大的恩主就是他那个生活圈内的最高上级。这个人物随着时代而变化，曾经是各地的地头（封建时代为领主管理庄园的家臣），封建领主或将军，现在则是天皇。最重要的，似乎还不在于谁是最高上级，而在于几百年来"不忘恩情"的这种品性，在日本人习性中占有最高地位。近代日本用尽一切手段使这种感情集于天皇一身。日本人对自己生活方式的一切偏爱都增加了对"皇恩"的感情。战争时期，以天皇名义发给前线部队的每一支香烟，都强调每个士兵所领受的"皇恩"。出征前士兵所领的每一口酒，更加是一种"皇恩"。他们说，神风队员自杀式的攻击就是报答皇恩。为守卫太平洋上某些岛屿而全部"玉碎"，也被说成是在报答浩荡无际的皇恩。

地位比天皇低的人也有可能对你施恩，父母养育之恩当然就是这样的。这正是东方思想里孝道的基础，这样父母就有支配自己儿女的权力。也就是说儿女欠父母的恩情，要努力地偿还。因此，儿女必须竭力服从父母，这不像德国那样，在德国，父母也有对儿女支配的权力，但父母必须强迫儿女服从。日本人对东方式孝道的解释是很现实的。他们有一种关于父母养育之恩的说法，可以大致译为："养儿方知父母恩"。意思就是说，当你自己有子女的时候，知道养育子女不容易，就会体会到父母的不容易，懂得父母的恩之深重。日本人的祖先崇拜仅限于父母和记忆中的祖辈，这就使那些小时候帮助自己的人成为最重要的恩人。当然，无论在哪种文化背景下，这都是一个真理。谁都有一个需要父母照料的幼年，父母供给我们衣服、食物、住所，我们才能长大成人。日本人深感美国人缺少这点报恩意识。一位作者这样说过："在美国，牢记父母养育之恩就是要善待父母，仅此而已。"当然，没有人会让孩子报恩。但是，对自己孩子的照料便是报答父母养育之恩的一种方法。人们养育孩子像父母当年照顾自己一样，甚至比那照顾得还要好，这就报答了父母养育之恩的一部分，对孩子的义务就相当于在报答父的母养育之恩。

日本人对老师、主人也有着特殊的报恩心理。他们都在自己成长之路上起着至关重要的角色，这些人对日本人来说恩重如山。将来在他们有困难需要帮助时，你就必须尽全力帮助他们，或者帮助他们的子女。人们必须不遗余力地尽着这种义务，而且这种恩情并不随着时间的久远而减弱，甚至时间愈久，恩情就越重，像还利息一样。受人恩惠，这是一件严肃的大事，就像日本人常常说的"报恩于万一"。这是一副重担，一般来说"恩情的力量"往往超过受恩者的个人意愿。

这个报恩原则的顺利运作，取决于每个人都觉得自己受到了最大的恩惠，自觉履行义务而无怨无悔。前面，我们已经说过，日本的等级制度是非常彻底的。伴随着等级制度，高度重视人情债，并认真遵守的那种习惯，是我们西方人无法理解的。如果你把上级看成对你有恩的人，那么这种习惯就很容易被遵守。日语里有个很有趣的单词，可以证明上级确实是"爱"自己下属的。日语中的"Ai"，相当于"爱"。在19世纪，传教士认为日语中唯一能表达《圣经》里"爱"的只有"Ai"这个词。他们用这个"Ai"词表达上帝对人类的爱以及人类对上帝的爱。但是，在日语中这个词特指上级对下级的爱。西方人也许觉得它对日本人来说只是一种保护的含义，但在日语中，它有着众多不同的含义，如朋友之间的友爱。在当今日本，"Ai"这个词在严格的意义上，仍用于上级对下级的爱，但也许因为受到基督教用法的影响，当然更因为政府为打破等级制度所做的努力，现在，这个词也常用于同等地位之间的爱。

尽管文化的特殊性使日本人易于接受报恩思想，但在日本，乐于受恩仍非平常。他们不喜欢随便受恩而背上人情债。他们常常谈及"使人受恩"译成英文，最接近的词句是"Imposing upon another"。但在美国，"Imposing"含有强求别人的意思．而在日本，"使人受恩"则表示给别人一些东西或者帮别人的忙。对日本人来讲，突然受到生疏者的恩是最讨厌的事。因为他们知道，在与近邻和旧等级关系打交道中，"受恩"所带来的麻烦。如果对方只是个熟人或与自己接近的同辈，他们会对此不高兴。他们宁愿避免卷入"恩"所带来的麻烦。日本人对大街上发生的事故一般不大理睬，并不只是因为缺乏主动性，而是因为他们认为，除了官方警察以外，任何人随便插手都会使对方背上恩情。明治维新以前，有一条著名的法令："遇有争端，无关者不得干预。"在这种情况下，如果不是有明确的职责而出面帮助，就会遭人质疑是不是想从中捞点什么好处。既然知道帮助别人会被当事人感恩领情，人们便都不积极插手，反而慎重对待。对于卷入"恩情"，日本人是十分小心的。哪怕是一支烟，如果过去跟递烟的人并无交往，那就会感到不舒服。在这种情况下，表示谢意的最礼貌的说法是"真过意不去"（日语是"気の毒"，原意是为难的感情、难受之情）。有一个日本人向我解释说："在这样的情况下，直截了当地表示你感到为难还会好受一些。因为你从来未想到要为对方做什么事，因此对受恩感到羞耻。"因此，"真过意不去"（気の毒）。"気の毒"这句话有时译作"谢谢"，有时又译作"很抱歉"，或者译作"蒙您如此看得起，实在不好意思"。这些意思都讲得通，但又都不贴切。

在日语的表达中有很多类似"谢谢"的说法，这些都表达受恩时的不安心情。被现代都市百货商场采用的最广泛的说法是"哦，真的太难得了"，日本人常这么说的意思是，顾客亲自来到这里购物，对商场来说是难得的恩惠。虽然这是一种恭维的说法，但在接受别人礼物时，或在其他场合中都经常这样使用。像"真过意不去"这样表示感谢但还很为难的心情的词句，还有很多种说法。小店主往往挂在嘴边的是"这怎么得了呢？"意思是我受了您的恩惠，但在目前经济条件下，我无法偿还，感到非常遗憾。这个词在英语中被译成"谢谢""十分感激"或"对不起""很抱歉"。例如在大街上，一阵风把你的帽子吹飞了，别人帮你拣了回来，在这种场合下用这种词再合适不过了。当那人把帽子还给你的时候，作为礼节，你应当表示自己内心的不安。"这个陌生人现在帮了我，我却无以回报，感到很内疚，只有道歉，才能让我感到好受些。"在日本，"这可如何得了"可能是最常用的表示感谢的用语。说这句话就是表达：我受了他的恩，这份恩情不会随着帽子还给我就结束了，但我也没办法，因为我们互相不认识，不知去哪报答这份恩情。

在日本人看来，还有一种更加强烈地表示负恩态度的说法，就是"诚惶诚恐"。一般写作"辱ない""忝ない"，兼有"受辱"与"感激"两种意思。这个词在日文词典里的解释是：你受到了额外的恩惠，因而感到羞愧和耻辱，因为你不配接受此恩惠。这个词明确表示了你受恩时的羞愧感。而羞愧，如同我们接下来要讲的，这个词在日本是极为敏感的。按照日本的传统，老板在感谢顾客时，会使用"诚惶诚恐"，顾客请求赊账时也会这样说。明治维新之前的小说中经常出现这类词。生活在社会下层的女子，被领主选中做妃时要向君主说"诚惶诚恐"，意思是说："我十分羞愧，配不上此等荣宠，对于您的恩慈，我感到无比荣幸。"同样，武士在斗殴之后被赦免无罪，也会说："我受此大恩大德，简直愧对世人。我后悔当初不该那样作践自己，感到十分抱歉。"

　　和任何其他总结相比，上述这几种说法都更加充分说明了"恩的力量"。接受恩惠时，人们常常伴随着矛盾情绪。在公认的人际关系中，欠恩所产生的巨大压力迫使日本人为了报恩而竭尽全力。所以，欠恩是很难受的，因此就很容易产生抵触心理。日本著名的作家夏目漱石对于这种心理，在他的小说《哥儿》中作了生动的描写。小说的主人公哥儿从小在东京长大，第一次到外面一个小镇教书，但工作了一阵，觉得看不起自己的同事，没法相处。但其中只有一位年轻教师和主人公哥儿的关系还不错，哥儿叫他"豪猪"。有一天，他俩一起外出，那位新朋友请他喝了一杯冰水，花费一钱五厘，相当于一美分的五分之一。

　　过了不久，另外一位教师在哥儿面前挑拨说，豪猪在背后讲了他的坏话。哥儿相信了那个挑拨离间的人，立马联想到自己受过豪猪的一杯冰水之恩。

　　虽然只是一杯水的恩惠，但欠这种背后议论别人的人的恩情，会影响我的名声。不管是一钱或半钱，背着这样人的债，我死也不能容忍……接受对方的恩惠，并且没有反对，这表明我尊重他，欣赏他的人格。我本可以自己付钱，但我接受了他的恩惠，心里十分感谢，这种歉意可是金钱买不到的。我虽然无权无势，但却有着独立人格。要我这种有独立人格的人去接受别人的恩惠，这远远超过了一百万的回赠。我让豪猪花了一钱五厘，而我表达了对他的谢意，这种谢意比一百万还要珍贵。

　　第二天，他把一钱五厘还给了豪猪。因为，不报答这一杯冰水的人情债，就无法继续解决这两个人之间的问题，即豪猪在背地里讲他的坏话。也许他们会扭打起来，但必须先恩断义绝，并把那份恩还完。因为那份恩情已不再是朋友之间的情谊。

　　对鸡毛蒜皮的琐事如此敏感，如此容易受到伤害，在美国，只有在青少年犯罪记录里或精神病患者的病历中才能找到。但在日本人心里却视为是一种美德。也许他们认为有哥儿的那种极端的举动的日本人也不是很多，所以只是随意地解决一下类似的问题。日本评论家在谈到哥儿时，认为他是一个真实，像水晶一样纯洁，为正义而战的人。实际上，作者也曾说"哥儿"是像是自己的翻版，评论家们也是这样认为的。这本小说讲了一个崇高美德的故事，接受恩惠的人把自己的谢意看成值百万元，如此想并且这样行动，才能从欠恩者的处境中解脱。他只会接受值得并看得起的人的恩情。在愤怒之余，"哥儿"将豪猪的冰水之恩和自己多年受到老奶妈抚养的恩情作了比较。从小这位老奶妈就对他十分宠爱，总觉得他家里没有人更爱他，经常偷偷给他送点糖果、彩笔等小礼物。有一回，一下子给了他三块钱。"她始终关怀我，让我非常内疚。"当老奶妈将三块钱递给他时，虽然他感觉受到了"耻辱"，但还是当做借款收下了。然而几年过去了，他仍未归还那笔钱。他对比受到"豪猪"恩惠的感受，自言自语道："那是因为我把她看成是自己的一部分了。"这句话有助于我们了解日本人对于恩情的反应。换句话说，无论双方有多么复杂的感情，只要"恩人"实际上是自己人，并在自己的等级制度里中占有某种重要的地位，或者像风刮落帽子帮忙捡起之类自己也会做的事，又或者是崇拜我的人，那么就可以心安理得地接受恩情。如果没有这些先决条件，"恩情"就会成为很难堪的痛楚。在日本人的思想中，这种"恩情"无论是多么微小，都会让人感到难过。

　　每个日本人都清楚，在任何情况下，所欠恩情太重，就有可能陷入大麻烦中。最近，在《东京精神分析杂志》的咨询专栏里有一个很好的例子，很像美国杂志上的"失恋忠告"。下面是一则纯粹的日本式答询，和弗洛伊德的思想基本无关。有位上了年纪的男性写信征求意见，信中写道：

　　"我是三个儿子和一个女儿的父亲。16年前老伴就去世了，为了儿女，我没有再婚。孩子们视我为骄傲。如今孩子们都有了自己的家庭。八年前，小儿子结婚后，我便自己一人住在离他家不远处的房子里。有件不愿说的事：三年前，我和一个妓女发生了关系（被迫在酒吧里当妓女的），我十分同情她的遭遇，花了一笔钱替她赎了身，将她带回家，教她礼仪，并留在我家做佣人。那姑娘的责任感很强，而且还相当节俭。但是，我的儿子儿媳、女儿女婿都因此而看不起我，和我断绝了联系。当然，这是我的过错，我并不责怪他们。

"那姑娘的父母似乎不了解情况。给我来了封信，想让她回家，说她已经到了该嫁人的年龄。我和她父母说清了情况，他们虽然贫穷，却并不唯利是图。他们最后同意女儿留下来，只当她已死了。那姑娘也表示想守在我身边，直到我去世。但我俩年龄相差太大，我也曾想把她送回家。但我的儿女们则认为她看上的是我的财产。

"我得了重病，恐怕最多也只能再活一两年。我该怎么办？十分希望得到您的指教。最后我要强调一点，那姑娘以前虽做过令人不齿的工作，但那全是生活所迫。她的本性是善良的，她父母也不是唯利是图的小人。"

解答这问题的医生认为，这是一个很有代表性的例子，即这位老人把太重的人情债压到自己的孩子身上。他说："你说的是一件很正常的事……在正式给你解决问题之前，我想先说一下，从你的来信看，你好像希望从我这儿得到你想要的答案，这让我感觉有点不开心。当然，你长期的单身生活让我很同情。但是，你却想利用这一点使孩子们感恩于你，并想证明自己当前的做法是对的，这我就无法认同了。我并不是说你很狡猾，而是说你意志薄弱。如果你无法离开女人独自生活，那么，我觉得最好的方法是向你的子女们说清楚自己必须和女人一起生活，而不是让孩子们因你长期独身生活而感到欠了你的大恩。你过分强调这份恩情，他们自然就会对你有所抵触。确实，人都有本能的性欲，你也是正常人。但是，人可以战胜情欲。你的孩子们也希望你战胜情欲，因为他们认为你是他们头脑中的完美父亲。然而，你让他们失望了，我很理解他们的心情，虽然他们是有些自私。他们结婚后有了伴侣，在性欲上能得到满足，却不允许父亲有这种本能的要求。这是你的想法，而子女们也有他们的想法（就是我之前说的）。这两种想法的出发点就不同，所以是想不到一块的。

　　"你说那姑娘和她父母都是善良的人，我觉得这只不过是你的个人想法。我们都知道，人的善恶是受环境、情境的影响的。你不能因为他们目前没有追逐利益，就觉得他们是好人。作为父母让自己女儿嫁给一个枯木朽株的老头，那太不正常了，很有可能是为了得到一笔财富，你不认为这样，那完全是你的一厢情愿。

　　"你的子女们担心那姑娘的父母盯着你的财产，我一点也不奇怪。我也是这样认为的。那姑娘年轻，有可能不是这样打算的，但她的父母则很有可能是这样打算的。

　　"现在在你面前有两条路可以走：

　　"1.做一个'完美的人'（没有一点私欲并且无所不能），彻底和那姑娘一刀两断，断绝联系。不过，我觉得你做不到，因为你是有感情的。

　　"2.'重新做回一个凡人'（放弃那些虚伪的借口），打破你在孩子们心中的理想父亲的形象

　　"至于财产，你应该尽快立一份遗嘱，抉择好那姑娘和自己儿女们所分的份额。

　　"最后，你要牢记自己已是行将就木的人，我从你的笔迹可以看出你已经变得有点孩子气了。你的想法现在更多的是感

情用事，而不是理性的。你说要把那姑娘从水深火热的困境中救出，实际无非是想让她来代替你母亲。我认为，婴儿没有母亲是无法生存的，所以我劝你还是最好选择第二条路。"

这封信讲了许多关于"恩"的想法。一个人一旦选择了让别人（哪怕是自己的子女）接受重恩的话，那他必须明白一点，就是只有牺牲自己才能改变这种做法。而且，不管他为儿女付出了多少，日后，他都不应该以此邀功，用它来证明"自己当前的行为是正当的"，如果这样想，那就大错特错了。孩子们很自然就会对此感到不满。因为他们的父亲未能始终如一地付出，他们觉得这是背叛。做父亲的人如果认为在孩子们需要照顾的时候，自己为他们牺牲了一切，现在他们长大了，就应该特别照顾自己，那就太无知了。孩子们不但不会那样想，反而只会因为意识到所欠的恩而反对你。

对于这样一种情形，美国人就不会作出如此判断。我们认为，父亲为失去母亲的儿女牺牲了自己的一切，在晚年应当获得孩子们的感激，而不是让他们本能地"反感"。为了让我们像日本人那样去理解这件事，我们可以把它看成一种金钱上的交易，因为在这方面，我们美国人理解起来容易点。如果父亲正式把钱借给孩子并要求他们到期偿还，还要加上利息，那么我们完全可以理解"孩子们反对你是很自然的"。在这个意义上，我们也就同样能够理解，为什么日本人接受别人的一支香烟后，不会直接说声"谢谢"，而是说"惭愧"。我们也可以理解，为什么日本人在讲到某人向别人施恩时，会感到极其厌

101

烦。如果这还是有点深奥的话，至少我们可以理解为什么"哥儿"把一杯冰水的恩情看得如此重要。但是，我们美国人是不会用金钱标准来衡量这类事件的。比如，冷饮店里的一次偶然请客、父亲对早年丧母的孩子们长期的自我牺牲，以及像"哈齐"那样忠诚的狗。而日本人却这样做了。我们认为爱、关怀、慷慨仁慈的价值，越是无条件付出越是难等可贵。而在日本则必然带有附加上条件，接受了这类行为就欠了别人一笔人情债，就像日本人常说的"有天赋的人，才敢受人之恩。"

第六章

报恩于万一

"恩"是一种债务，因此必须偿还。但"报恩"与"恩"在日本被看成是全然不同的两个范畴。这两个范畴在我们的伦理学中，却通常混淆在一起，形成了如 Duty（义务、任务）与 Obligation（义务、恩义）之类的中性词汇。日本人不会理解这种混淆，就像我们不会理解某些地区在贸易语言中不区分"贷方"与"借方"一样。对于日本人来说，"恩"就是只要你接受，那便是你永远的债务；"报恩"则是偿还，必须是积极的，是用另一种概念来表达的。欠恩不是美德，但报恩则是一种善行。为报恩而积极献身对于日本人来说就是在行美德。

　　美国人要想理解日本人的这种美德，我们就必须经常把这种美德与金钱交易作比较，并且要看到在美国是如何对欺诈行为进行制裁的。就像我们在金钱交易中都要求必须履行合同，我们决不容忍有人通过不法手段得到利益。你欠银行的钱，就必须偿还，这不是你想还钱或不想还钱就能决定的。债务人不仅要还本金，还必须付利息。这些，与我们对爱国、爱家庭的看法是截然不同的。对我们来说，爱是一种情感，是无条件给予和奉献的，这才是最高尚的情感。爱国心意味着把国家利益看得至高无上，基于这种观点，除非美国被敌国武装侵略，不然这种爱国心是不能容忍那种容易堕落的人性的。我们美国人认为，一个人应该同情、帮助贫困的父母，既不能对妻子实行家庭暴力，也不能不尽抚养子女的义务。但是，这些不能像斤斤计较金钱债务那样，也不能像做生意成功那样要求获得回报。而日本人则有另一种基本观念——一个人出生，就已经受到了父母的大恩大德。在日本，这些观念被看做像我们美国人眼中那种金钱债务一样，背后有着强大的约束力，就像我们美国人欠银行钱必须到期还钱的行为一样。这些观念不只是在两国宣战、父母病危等这些紧要关头才需要注意，而是平时就要特别注意，就像影子跟着你一辈子，就像纽约的农民时刻担心抵押贷款、华尔街的资本家卖空脱手后，紧盯着股市是否上涨一样。

日本人把"恩"分为不同的范畴：一种是数量和时间上的无限；另一种则是数量上的相等，但必须在有限的时间内。对于无限的恩，日本人称为"义务"，也就是他们所说的"报恩于万一"。这种义务包括两类：一类是报答父母的恩，即"孝"，另一类是报答天皇的恩，即"忠"。这两者都是强制性的，是人人生来就具有的。日本的初级教育被称为"义务教育"，这很准确地表达了这一层意思，人的一生中，偶然的情况可能改变义务的某些细节，但义务则是超越一切偶然情况自动加在人身上的。

日本人的义务及相应报答的关系：

一、恩：被动发生的义务。"受恩""负恩"都是从被动

105

接受而产生的义务。

皇恩，受于天皇的恩。

亲恩，受于父母的恩。

师恩，受于师长的恩。

主恩，受于主人的恩。

还有人的一生中与各种人接触时所接受的"恩"。

注：所有这些对自己施恩的人都将成为自己的"恩人"。

二、"恩"的相应义务：

一个人有必须还清这些债务，向"恩人"报恩的义务。也就是说，这些义务是在主动偿还的立场上产生的。

A.义务，无论如何偿还都是无法全部还清的，而且没有时间限定。

忠，是对天皇、律法、日本国家的义务。

孝，是对父母及祖先（以及对子孙）的义务。

职责，是对自己的工作的义务。

B.情义，人情债也是必须偿还的，但时间是有限的，并且受多大的恩惠就要偿还相应的债务。

1.对社会的道义：

对君主的义务。

对亲戚的义务。

对他人的义务。受某人的"恩"，比如借钱，接受好意，工作上得到帮助（如劳动互助）等。

对非近亲（如伯父、伯母、堂兄妹、表兄妹等）的义务。不是指受恩于这些人，而是由于他们有共同的祖先。

2.对自己名声的情面，这相当于德语中的"名誉"（Die Ehre）:

指如果遭到失败，或受到侮辱，则有"洗刷"污名的义务，比如复仇或报复的义务。（注：这种反击、报复行为不被看做是侵犯。）

有不承认自己专业上失败或无知的义务。

有遵守日本人传统礼节的义务，比如遵守一切礼节、认清自己的地位、在不如意时控制情绪等。

上述这两种"义务"都是无条件的。这样，日本人就使这些道德具有绝对性，在对国家的义务和对家庭的孝的概念上，日本和中国就产生了不同。公元 7 世纪以来，日本不断引进中国的伦理体系，"忠"和"孝"原本都是汉字。但是，中国人并没有把这些道德看成是无条件的。在中国人眼里，忠孝都是有条件的，在忠孝之上还有更高尚的道德，那就是"仁"，往往被译成"Benevolence"（仁慈、博爱），但它的含义几乎包罗了西方所认为的一切良好的人际关系。父母必须"仁"。统治者如果不"仁"，人民就可以揭竿而起，推翻他。"仁"是忠义的前提条件。皇帝和文武百官之所以能拥有相应的权力，那是因为实行仁政。在中国伦理学里，把"仁"作为检验一切人际关系的试金石。

日本人从未接受中国伦理学的这一前提条件，朝河贯一是日本的一位大学者，他在谈到中世纪两国的这种差异时说到："在日本，这些观点显然和天皇制度不相容，所以，从未被全部接受过，哪怕仅仅在学术研究方面"。事实上，"仁"在日本是被排斥在伦理道德之外的，失去了它在中国伦理道德中所具有的崇高地位。在日本，"仁"被读成"jin"（仍用汉字）。事实上，即便身居高位也不用具备"行仁"或"行仁义"这种道德。由于"仁"被彻底排斥在日本人伦理道德之外，使得"仁"成为法律范围以外的东西。除非倡导慈善捐款，赦免囚犯等，这样"行仁"才有可能是一种值得赞扬的行为，但它是日本人职责之外的事，而非必须具备的。

"行仁义"，还有另外一种含意，即作为地痞流氓这些不法分子之间的道德标准。在德川时代，那些以抢劫杀人为生的恶棍和暴徒就是这样"行仁义"的。十分威武的武士佩双刀，而暴徒则只佩单刀。一个暴徒如果向另一个不同的团体的暴徒请求窝藏，为避免前者同伙寻衅报复，便帮他藏了起来，这种行为就是所谓的"行仁义"。在近代，"行仁义"常常用在应受到惩罚的不良行为时，它的地位更加低下。日本报纸写道："下层的劳工至今仍在行什么仁义。对此，必须加以严惩。警察应对此严令，禁止这些至今仍盛行于日本犄角旮旯里的仁义。"这里所指的"强盗的荣誉"，就是那种流氓、黑帮社会中盛行的行为。尤其是近代日本的那些小规模的工头，他们像20世纪初美国码头上的意大利籍工头那样，与一些不熟练的工人订立非法契约，承包工程，从中赚取非法利益。在日本，这些也被称为"行仁义"。中国的"仁"的概念在此被彻底贬低得一文不值。日本人就是这样全部篡改并贬抑中国伦理体系中最重要的美德的，而且没有提出其他能代替"仁"的美德。从而，"孝"

在日本就成了必须履行的义务，甚至包括赦免父母的罪行或无德。"孝"只有和与对天皇的义务发生冲突时才可以被废除，此外，无论父母是否值得尊敬，是否破坏自己的幸福，日本人都必须奉行孝道。

日本现代电影中有这样一个故事：一位母亲有着一家规模很大的餐厅，也很富裕，她的儿子是一位已经成家的农村学校教师。有一年，农村出现大灾，一对农民父母为了全家人的生计，想把正上学的女儿卖到妓院去。这位教师向村人筹集了一笔钱替自己的学生赎身。然而，这位教师的母亲却从儿子那里偷走了这笔钱。教师知道钱是母亲偷的，不得不自己承担后果。他的妻子了解了真相，写下了遗书，并说自己愿意承担丢钱的责任，然后抱着自己的婴儿投河自尽。事件传出去后，在这一悲剧中应负全部责任的教师母亲却无人过问。儿子在尽了孝道之后，为磨炼自己的人格意志一个人来到北海道，以求以后能够坚强地承受类似的考验，在日本人看来这位儿子是个品德高尚的人。我这个美国人认为，悲剧的责任显然是那个偷钱的母亲。然而，有位日本朋友却强烈反对我的这种美国式判断。他认为，孝道通常会和其他道德发生冲突。电影中的教师有能力通过别的方法找到一条不伤害自尊心的办法。但是，他如果为此而谴责母亲，他的自尊心则不可能不受到伤害，哪怕只是在心里谴责也不行。

年轻人结婚以后就背上了沉重的孝道义务，小说和现实生活中处处都有这样的例子。除了个别"摩登"人物之外，普通家庭的婚姻对象一般都要由父母通过媒人来牵线搭桥。关心如何挑选一个好媳妇的，主要不是儿子本人，而是他的整个家庭。

其原因不仅是因为涉及金钱利益，还是因为那媳妇将载入家谱，生儿育女，传宗接代。通常，媒人安排一次仿佛偶然地相聚，在各自父母的陪同下，年轻的男女生见见面，但并不交谈。有利益目的的婚姻，女方父母可以获得金钱，男方则可以和名门望族联姻。也有男方父母看中女方人品的。儿子必须报答父母养育之恩，所以不能违抗父母之命，结婚后，报恩义务仍然继续。如果他是长子，则要继承家业和父母一起生活。众所周知，婆婆总是不喜欢儿媳的，她总会挑媳妇的毛病，即使儿子和媳妇生活很和睦，婆婆也可以把媳妇赶回家，甚至迫使他们离婚。在日本的小说和自传中，这种故事有许多，不仅描写妻子的痛苦，也强调丈夫的无奈。当然，丈夫全是因为遵守孝道才顺从决定而离婚的。

有位现住在美国的"摩登"日本妇女，在东京时，她曾收留一个被婆婆赶出来的年轻孕妇。这个儿媳被迫和痛苦的丈夫分开。当时，儿媳遭受打击，身患疾病，非常悲痛，但并未责怪丈夫，她的心开始倾注在即将出生的孩子身上。谁知孩子刚出生，婆婆就带着唯唯诺诺的儿子来要孩子。最后，婆婆把孩子带走后，随即送进了孤儿院。

以上所列举的各种行为都包括在孝道之内，全是子女一定要偿还的、受之于父母的债务。然而，在美国，这些都会被看做是个人正当幸福遭受外来干预的例子。日本人却不会把这种干涉看作"外来的"，因为他们把"恩"看作首要前提。这些故事，就类似美国故事中描绘的那些诚实的人，不管经受如何难以忍受的磨难，也必须还清债务一样，赞颂日本这些品德高尚的纯洁者，不仅仅说他们赢得了自尊，并且还证明了其坚强的意志足以承受特别的困难。然而，这种困难，不管怎样高尚，也当然会留下憎恨和愤慨。引人关注的是亚洲地区关于"最可恨之物"的这些谚语、俗语。例如，在缅甸有"火灾、水灾、盗贼、知事（官吏）、坏人"；在日本则有"地震、打雷、老头（家长、父亲）"。

日本的孝道与中国的有所不同，其范围不包含几百年前的祖先世系，也不包含衍生出的庞大宗族。日本人对祖先的崇拜仅在于近祖。那些雕刻在祖坟墓碑上的文字，几乎每一年都要有所更新，但如若是现存后代都已忘记的祖先，其墓碑也就无人问津了，家里佛龛上也不见他们的灵位了。日本所注重的孝道对象，仅仅限于记忆中尚存的先人，他们所看中的是现时现地。许多专著都谈到，日本人缺少抽象思辨和构想现实中不存在的现象的兴趣。与中国人相比，日本人的孝道观恰恰印证了这一论点。他们这一观点的最大、最重要的现实意义就在于，孝道义务只限于现存者之中。

不管在中国还是在日本，孝道不仅限于对双亲和祖先的尊敬和服从。对子女的抚养照顾，西方人的观点是，那是来自于母亲的本能和父亲的责任感；东方人则看做是出自对祖先的孝道。就这一点，日本是特别明白确定的，回报祖先之恩的方法就是把自己受到的照顾转赠给儿女子孙。在日语里没有特指"父亲对子女的义务"的专门词汇，所有此类义务全都包含在对父母及祖父母的孝道之中。孝道叮嘱家长需要履行以下所列的义务：好好养育儿子女儿；使弟弟或儿子受到一定的教育；管理资产；庇护那些需要保护的亲戚们及其他相似的日常义务。日本制度化家庭的严格限制，也限制了有这种义务的人的数量。按照孝道的义务，儿子离世后，父母亲要抚养儿子的遗孀和子女。同样，万一女儿守寡，父母也要收养女儿及其子女。而对丧偶的外甥女、侄女的收养与否的问题，就不在"义务"之中了。即使收养，那也完全是履行另一种意义的义务。抚养、教育自己的子女是应尽的"义务"，如若抚养、教育侄甥辈，传统上是合法地把他们过继为自己的养子。如果他们依然保有侄甥的身份，那么，使他们接受教育就不算叔伯辈的"义务"了。

对穷困的直系亲属的援助，孝道并不要求必须出于敬意和慈爱。年轻寡妇被收养在某一家庭中，被称为"冷饭亲属"，因为她们吃的只是冷饭残羹。那个家庭中的人不论谁都可以指使她，并且，关于她自己的所有决定，她只能唯唯诺诺地服从。她们是穷亲戚，对于她们子女来说也是一样的。不过在特殊情况下，她们也会受到稍微好点或比较好的待遇，但这并不意味着哪一家的家长有"义务"非得善待她们不可。兄弟与兄弟间也没有互相"友爱地"履行义务的责任。尽管兄弟之间相互都承认势如水火，但只要哥哥对弟弟履行了应尽的义务，就还可以毫无疑问地获得赞扬。

最为激烈的是婆媳之间的冲突战争，媳妇是以外来人的身份进入这个家庭的。她必须了解熟知婆婆的厌恶喜好，并学习如何更好地顺从婆婆的脾气。在很多情况下，婆婆会毫不留情地宣称这个媳妇根本就配不上自己的儿子。另外，我们也可推断出，婆婆是相当嫉妒媳妇的。但是，正像日本的谚语所说"可恨的媳妇还是能生出可爱的孙子"，由此看来婆媳之间也是有孝道可言的。无论如何媳妇在表面看来总是无限温顺的。但是，这些温柔可爱的媳妇，随着时间的流逝，都会成为苛刻、唠叨、斤斤计较的婆婆，与自己的婆婆简直是一模一样。她们年轻做媳妇时，没有机会任性，但并未因此就真的变为温顺的人。等她们到了晚年，就要把积压多年的怨气发泄到自己的媳妇身上。时至今日，日本的一些姑娘们仍公开表示，最好是嫁给一个不继承家业的丈夫，这样就可以避免和霸道的婆婆住在一块儿了。

尽了孝道并不意味着就肯定能在家庭中得到慈爱。在一些文化中，这种慈爱是大家庭中道德的基石，而在日本却不是这样的。就像一位日本作家所说的那样："日本非常注重家庭，正是因为这样，他们不大注重家庭中的每位成员以及成员间的家族纽带。"当然，实际情况也会有所 +. 不同，但大概是这样的。这里的重点在于义务的承担和偿还，年长者有更大的责任，责任之一便是对年轻人的监督，使他们作出必要的牺牲。不论他们愿意或不愿意都必须对长辈的决定绝对服从，否则，就是不履行"义务"的表现。

日本孝道中的另一个特点是，在家族成员之间可以看到相当直白的互相怨恨。这种情况在与孝道等同的"义务"，即对天皇尽忠这一重大义务中，是根本没有的。日本的政治家们把天皇奉为神圣，使之与人间喧嚣的现实生活几乎完全隔离。这是一种绝对巧妙的安排。只有如此，天皇才能发挥统一全国国民，使其一致为国家效力的作用。称天皇为国父是不够的，因为父亲在家庭中虽然可以要求子女尽所有义务，却"可能是个

113

不值得尊敬的人"。天皇必须像圣父一样远离一切世俗杂虑。对日本人来说，最高的一种道德是对天皇尽忠，尽忠于天皇必须成为一种对幻想出来的、纤尘不染的、"至善之父"的虔诚的仰慕。明治初期，在考察西方各国之后，一位政治家写道：那些国家的历史普遍是统治者与人民大众之间冲突斗争的历史，这与日本精神不符合。返回日本后，他们在宪法中写道，天皇"神圣不可侵犯"，对国务大臣的任何所作所为都不负责任。日本国民统一的最高象征是天皇，但天皇不是负责的国家元首。大约近七百年来，天皇从未以实际统治者的身份发挥过作用，所以，让天皇仍然充当幕后主角是并不难的。明治时期的政治家要做的唯一工作就是让所有日本国民在思想上对天皇绝对忠诚，确立这种最高的道德。在日本的封建时代，日本人的"忠"是对世俗意义的首领——将军的义务。这一悠长的历史警示明治政治家们：在新体制下，要达到他们的目的——日本精神的统一，他们不得不做些什么。在过去的几个世纪里，将军兼任大元帅和最高执政，尽管其属下对他也尽忠，但阴谋推翻其统治以至谋取其头颅者屡见不鲜。对将军的忠诚往往与对封建君主的忠诚相冲突，而且对主君的忠诚常常要比对将军的忠诚更有强制性。因为对主君的忠是直接建立在主从关系上的，相比之下，对将军的忠诚就不可避免地要淡薄一些。在动荡纷乱时期，侍从武士作战是为逼迫将军退位，以拥立自己的封建领主。明治维新的先驱及领导者更是高呼"忠于天皇"的口号，与德川幕府斗争了数百年。而天皇则深居皇宫，每个人都可以按照自己的想法，在心中打造一个天皇的形象。明治维新的胜利就

图注

图中的天照大神亦称天照大御神、天照皇大神、日神，是日本神话中高天原的统治者与太阳女神。她是日本神教中最高的神祇，也被奉为日本天皇的始祖，因此天皇是具有神性的。

是尊皇派的胜利，也是因为把"忠"的对象从将军转嫁到象征性的"天皇"身上，1868年的事件才有资格被称为"王政复古"。天皇继续隐居舞台之后，他的权力交给内阁官员们，而不亲自管理政府和军队，也不亲自制定政策，而且也是由一些顾问（他们是经过更好的筛选选出的）执掌政务。真正的根本性改变是精神领域的变化，因为，"忠"已慢慢成为每个日本人对他们的神圣首领的报恩。他们的神圣首领是最高的主祭者，也是日本永恒统一的象征。

日本人之所以轻而易举地把"忠"的对象转移到天皇身上，毫无疑问，古老的民间传说（即皇室是天照大神的后裔）起了关键的作用。但这一传说中的神学观点并不像西方人所认为的那么重要。实际情况是，那些日本知识分子即使完全否定这种神学观点，但并未因此而对必须忠于天皇持有任何质疑，甚至就连肯定天皇神裔论的一般日本群众，其理解也不是西方人想象的那样。"神"（カミ）在英文中是"God"，但其词义则是"至高无上"，即等级制的最顶峰。日本人并不像西方人那样认为人神之间有巨大的鸿沟，每个日本人都认为人死后会变成神。在封建时代，"忠"被给予了毫无神性的等级制首领。日本人"忠"的对象转移至"天皇"的过程中，一个极其重要的因素就是在整个日本历史上，只有一个皇室（万世一系）继承皇位。尽管西方人认为这种万世一系的说法乃是欺骗世人的谎言，因为，日本皇位的继承规则与英国、德国的均不相同，所以这种指责一无用处。日本的规则本来就是日本的规则，根据这一规则，皇统在日本就是"万世不坠"的。日本不像中国经历了三十六个朝代的更替变化。日本虽然经历了各种变迁，但社会组织并未瓦解，其模式一直未变。在明治维新以前的一百年间，反德川势力利用的不是天皇神裔理论，而是"万世一系"这个论据。他们认为，既然"忠"应该献给等级制中的最高者，那就只能献给天皇了。他们把天皇抬举到了国民最高主祭者的高位，这种角色并不意味着神格，这比神裔说要更为重要。

　　近代日本做了各种使"忠"的对象转向具体的人（并且特指天皇本人）的努力。明治维新后的第一代天皇，是一个杰出且威严的人，他长期在位，自然地能成为臣民敬仰的国体象征。他很少在群众面前抛头露面，仅有的几次出现，都隆重布置仪式，极尽崇敬威严。臣民都匍匐在他身旁，没有些许声音，更没有一个人敢于抬头正视。而且，二楼以上的窗户全部被遮得严严实实，以确保任何人都不能从高处俯窥天皇尊荣。他和高级顾问的接触见面也同样是等级制的。在日本，没有天皇召见执政官员的惯例，而是少数拥有特权的"阁下"们"受赐拜谒天皇"。他也从来不对有争议的政治问题发布诏书，所发的诏敕的内容仅仅都是有关道德，或者是某项问题解决后对民心的安抚。当他即将驾崩西游时，整个日本变成了一座大寺院，几乎所有的老百姓都在虔诚地为其祈祷。

就是通过这些方式，天皇最终成为一种象征，超越一切争端之外的象征，就好像美国人对星条旗的忠诚，超越一切政党和政治。因此，天皇是"神圣不可侵犯"的。我们认为升国旗时举行了的某种仪式对人是完全不适用的，而日本人却充分利用了天皇这个最高象征的人性特征。人民可以爱戴天皇，他也会做出反应。老百姓听到天皇"关心国民"时，会感动得热泪盈眶。"为了让陛下放心"，他们愿意献出自己的生命。日本文化是建立在人际关系之上的文化，天皇作为忠诚的象征，其意义远远超过国旗。在培训教师时，如果说人的最高义务是爱国，他就会不及格，必须说是愿意对天皇效忠。

在臣民与天皇之间，"忠"构成了一个双重体系。一方面，臣民向上直接面对天皇，其间没有任何中介，他们自己用行为使"天皇安心"；另一方面，天皇的敕令，又必须经过天皇和大臣之间的各种中间者的口，层层传到他们的耳朵。"这是天皇御令"，这一句话就可以唤起"忠"，其强制力要超过任何其他现代国家的号召。罗里（H. Lory）曾描述过这么一件事，在一次平时军演中，一位军官带队出发时下令，不经他许可不能喝水壶里的水。日本的军队训练时，经常强调能在极其困难的条件下，连续行军五六十英里。那天，有二十个人由于干渴和疲劳倒了下去，其中有五人死亡。检查这些死亡士兵的水壶一看，里面的水一滴也没动过。"那位军官下了命令，他的命令就是天皇的命令。"

在政府管理中，从丧葬到纳税，"忠"制约着一切。税吏、警察和地方征兵官员都是臣民尽忠的中间机构。日本人认为，遵守法律就是对他们所受最高恩情——"皇恩"的报答。这一点与美国的风俗习惯形成强烈的对比。在美国人眼中，任何新法律——从停车的尾灯标志设计到所得税的征收，人们都会认为是对个人事务中的个人自由的干涉，都会在全国引起轰动。联邦法律会受到双重怀疑，因为它干扰到各州的立法权，人们认为这是华盛顿的官僚集团强加于国民的结果。许多国民认为，对那些法律，无论怎样反对，都是正当的。因此，美国人认为日本人是缺乏民主思想的顺民，日本人则认为美国人是无法无天的。更客观地说，这与两国国民的自尊心与彼此不同的态度有联系。在美国，自尊心是与自己管好自己的事联系在一起的；在日本，自尊心则是与对恩人报恩联系在一起的。这两种想法各有各的难处：我们的难处在于，虽然明知是对全国有利的法规，但自己还是很难接受。他们的困难在于，人们一生都处于如何偿还恩情的重压之下。也许，每个日本人都会在某些场合找到既不触犯法律，又能巧妙地躲过去的办法。他们还赞赏某种暴力、私人报复和直接行动，而美国人却不赞成这些。然而，尽管有这些或那些限制条件，"忠"对日本人的支配力仍然是不可怀疑的。

1945 年 8 月 14 日，日本投降时，"忠"在全世界面前展示了它难以置信的力量。许多对日本有认识的西方人都认为，日本是不可能投降的。他们坚持认为，幻想那些分布在亚洲和太平洋群岛上的日军会和平地放下武器投降的想法太天真了。日军的许多部队还没遭受过失败，他们还确信他们进行的是正义的战争。在日本本土各岛，到处都是誓死顽抗者。占领军的先头部队只能是小部队——如果前进至舰炮射程以外，就有被屠杀的危险。在战争中，日本人什么事都干得出来，他们是好战的民族。就这一点而言美国分析家没有考虑到"忠"的作用。天皇发了诏书，战争就结束了。在天皇的声音还未广播之前，顽强的反对者们围住了皇宫，试图阻止停战诏书的宣布。但一旦宣布，他们就必须全部服从。不论是在满洲，或爪哇等地的前线司令官，或者是本土的东条英机及其手下们，没有一个人敢反对。我们的军队在机场着陆后，受到了礼貌的欢迎。有一个外国记者这样写道，早晨着陆时手指还不能离开手枪，中午时就把武器收了起来，傍晚便可以悠闲地上街采购日用品了。日本人现在是用遵守和平的办法使"陛下安心"了。而在一个星期前，他们还发誓为了让"陛下安心"，要奋身用竹竿击退敌人。

　　这种忠心并没有什么不可思议的，只是有些西方人不承认，支配人类行为的情绪是会变化的。有些人曾宣称，要想日本停战，除非日本被灭绝，别无他选；另一些人则认为，只有当自由主义者推翻现政府，掌握政权，日本才能得救。这两种分析，以一个全力以赴、全民支持，进行战争的西方国家，那能理解。但是，他们错把西方的行动方针强加到了日本的头上。甚至和平占领日本几个月之后，有些西方预言家还认为，这是一场没有任何意义的占领，因为"日本人不懂得他们已经被打败了"。这是西方很好的社会哲学，以西方的真理标准为基础。但日本不是西方国家，它没有采用西方各国最后所采取的方式：革命。它也没有用消极破坏等办法，来反抗占领军。它使用自己的力量，就是在战斗力未被完全被摧毁之前，自己把无条件投降这一巨大代价作为"忠"来看待。在日本人看来，这种巨大的代价还是有价值的，他们获得了最珍贵的东西，他们有权利说：这是天皇的命令，哪怕是投降的命令。也就是说，即使投降，日本最高的法律仍然还是"忠"。

第 七 章

最难承受的道义

日本人常说，"道义最难承受"。一个人必须履行"道义"，就像必须承担"义务"一样。但是，"道义"和"义务"所要求的条件根本不属于同一范畴，在英语中也找不到与"道义"完全对应的词汇。人类学家从世界文化中总结了一切奇特的道德义务，在这些范畴中，"道义"是最奇特的一个，它或许是日本所特有的东西。在中国，也有"忠"和"孝"的道德规范，虽然日本对这两个概念进行了改造，但与其他东方国家熟悉的道德要求没有太大差异，而且渊源都是一样的。而"道义"这一概念却与中国儒家思想无关，也不来自于东方的佛教。它是日本独有的道德范畴，如果不了解道义，就不可能了解日本人的行为方式。当日本人谈论行为动机、名誉以及遭遇的各种麻烦时，经常都要说到"道义"。

　　在西方人看来，"道义"包含了一系列混杂的义务，包括报答恩情，或者是复仇。事实上，日本人无法向西方人解释"道义"的含义，因为就连他们自己的辞典也很难解释这个词语。有一部日语辞典的释义（按我的理解翻译）是："正道，人应遵循之道，为免遭世人非议而承受一些义务或不情愿的事。"

这种阐释无法让西方人明白其中的内涵，但"不情愿"的意思却指明了，"道义"与"义务"是有差别的。"义务"对个人来说就算十分艰巨，十分困难，但至少是针对骨肉近亲，或者是国家，或者是对生活方式，或者是爱国主义精神，或者是最高统治者，总之，这是人们应尽的责任。人们之所以要履行"义务"，是因为与生俱来就跟义务对象建立了紧密的联系，故而必须承担这种责任。"义务"可能会让人"不情愿"，但"义务"从未被定义为不情愿的行为。而对于履行"道义"，人们往往在心中感觉不愉快，在"道义"的笼罩下，所欠的人情和责任都极其沉重，无以复加。

　　"道义"的范畴有两种全然不同的类型。一类我称之为"对社会的道义"，按字面解释就是"履行责任的道义"，即对社会普通大众的报答之情。另一类我称之为"维护自我名声的道义"，大体上类似于德国人看重的"荣誉"，即保持自己的名声和名誉不受任何玷污和诋毁。"对社会的道义"可以描述为履行社会契约关系，它与"义务"的区别在于，"义务"是承担天生与亲情有关的责任，"义务"的对象往往都是有血缘关系的亲人。因此，"道义"的范围可以针对姻亲家属，而"义务"的范围则是对直系家属和嫡亲家人。岳父和公公被称作"道义"上的父亲，岳母和婆婆被称作"道义"上的母亲，配偶的兄弟姐妹也称作"道义"上的兄弟姐妹。这一套称谓通常既适用于配偶的亲属，也适用于亲属的配偶。在日本，婚姻当然是家庭之间的契约关系，对配偶的家庭终身履行契约义务，就是"履行道义"。婚姻契约是双方父母安

123

排的，而子女却要履行对双方父母的"道义"，这种安排无疑是最沉重的。年轻媳妇对婆婆的"道义"尤其沉重，正如日本人所说，儿媳生活的地方并不是她出生的家庭。女婿对岳父岳母的义务有所不同，但也很可怕，因为岳父有困难时，女婿必须借钱，还要履行其他契约义务。正如一位日本人所说："儿子长大成人之后，侍奉赡养自己的亲生母亲，是出于爱母之情，这并不是道义。"所以，凡是发自内心的行动，都不能说是"道义"。但对姻亲的义务不能含糊，不论付出多大代价，都必须履行，以免遭受世人的谴责，被说成"此人不讲道义。"这种谴责是十分可怕的。

日本人对姻亲家属义务的态度，在"入赘为婿"上表现得最清楚，男人好像女人"出嫁"一样入赘到女方家。一个家庭如果只有女儿没有儿子，就要为女儿择婿入赘，以延续"家名姓氏"的香火。入赘女婿要在本家户籍家谱中消除名字，然后改从岳父的姓氏。他入赘妻家之后，在"道义"上从属于岳父母，死后也要葬入岳父家的墓地，这些方式与普通婚姻中妇女嫁人都完全一样。给女儿择婿入赘的原因，也许不单是因为自家没有男孩，也常常是为了增进双方利益，即所谓的"政治联姻"。有时女方家虽然不富，却是名门望族，因为"门第"高贵，女婿带着金钱入赘妻家，能换取的东西是，提高个人身份和社会等级地位。有时是女方家庭富裕，有财力培养女婿上学读书，女婿接受了这一恩惠，代价就是离开自己的家庭到岳父家去。有时女方的父亲为了得到公司的未来经营者，因而招婿入赘。不管是哪种情况，入赘的女婿所承受的"道义"都特别沉重，而且还被认为是理所当然的。因为在日本，男人改变姓氏进入别家的户籍，是一件严重的事。在封建时代的日本，改变姓氏非同小可，这就意味着，在战争中他必须站在岳父的一方，即便帮岳父杀死亲生父亲也在所不辞，从而以此证明自己是岳父家族的一员。在近代日本，与入赘女婿有关的"政治联姻"，已经造成了强大的"道义"约束力，用最沉重的枷锁，把青年的命运死死束缚在岳父的产业和事业上。尤其在明治时代，这种事往往对双方都有利，但社会上对入赘女婿都十分嫌恶。日本人有句谚语是："有米三合（约等于一品脱），决不入赘。"日本人说，这种嫌恶感也是出于"道义"。假如美国也有这种风俗，我们可能会说："这不是男子汉大丈夫该干的事！"总之，履行"道义"是件痛苦的事，是人们"不愿意"做的事。因此，"出于道义"这句话，对日本人来说，最能表达那种负担沉重的人际关系。

对姻亲的义务是"道义"，不仅如此，甚至对叔伯辈和甥侄辈的义务也同样是"道义"。在日本，对这类近亲的义务不列入"孝悌"范畴，这是日本和中国在处理家族伦理关系时的重大差异。在中国，很多这类的亲属，以及血缘关系更远的亲属，都能共享大家族中的各种资源。但在日本，这类亲属则是"道义"关系和"契约上"的关系。日本人认为，救助这类亲属，绝不是因为对亲戚们有多么深的感情，而是因为他们有共同的祖先，是为了报答祖先的恩情。养育自己的孩子也出于同样的原因，但却是理所当然的"义务"和无可推卸的责任。帮助远亲的事情虽然跟这差不多，却是"出于道义"。当一个人必须帮助这些亲属时，就像他帮助姻亲一样，会说：“我被道义所缠累。”

　　大多数的日本人，更重视对主君及武士的“道义”，在考虑姻亲关系之前，也要先顾忌这种更重大的“道义”。一个有荣誉感的男人，更重视对主君和上级的效忠，还有对同僚战友的忠诚。在很多传统文学作品中，颂扬这种“道义”，被视为“武士道精神”。在德川家族尚未统一国家以前，日本的这种“武士道精神”甚至比对将军的忠心还更重要。在12世纪，源氏将军要求一位大名交出他所庇护的敌对领主，那位大名的回信保留至今，在信中，他为自己的“道义”受到诬蔑挑衅而表示强烈的愤慨，哪怕顶着不忠的罪名，也不愿意背弃道义。最后他断然拒绝了将军的要求，信中写道：“于公事，实个人无能为力，然武士重名誉，道义乃永恒之真理。”也就是说，道义超越了将军的权威，武士拒绝对“所敬者背信弃义”。在古代日本，这种武士精神超越一切，相关的大量历史故事广泛流传至今，经过编写润色，制作为能乐、歌舞伎及神乐舞蹈。

　　其中最著名的一个故事，是关于一位力大无穷的浪人，他没有主君，依靠自己的能力谋生，这位武士就是12世纪的英雄人物弁庆。他身无长物，除了一身神力之外，别无所有。他寄身僧院的时候，斩杀过往的武士，把刀剑收集起来，以筹备封建武士所需的行装，这使僧侣们极为惊恐。他最后挑战了一个年轻领主，那人看似是武艺平常的纨绔子弟，没想到却是个劲敌，原来这位青年竟是源氏后裔，正筹划为其家族恢复将军领地，他就是极度受人崇拜和敬仰的日本英雄源

126

义经。弁庆向源义经献上热诚而狂热的"武士道义"，为源义经的事业立下无数汗马功劳。在最后一次敌众我寡的战斗中，他们被迫率领家臣逃出敌军的包围，之后化装成僧侣，走遍日本全国，假装为建立寺院化缘。为了避人耳目，弁庆扮装成领队，源义经则乔装打扮混在队伍当中。沿途遇到敌方布置的哨岗关卡，弁庆就拿出一卷伪造的寺院募捐簿来念诵，以求蒙混过关。但在最后时刻，源义经的优雅贵族气质却引起敌方的怀疑，尽管他衣着朴素卑微，却无法掩饰那种气质。敌军哨兵把他们一行人叫回来盘查，弁庆灵机一动，借口一点小事训斥源义经并打了他一记耳光。他的计策彻底消除了敌方对源义经的怀疑，他们信以为真，因为如果这人真的是源义经，他的家臣绝对不敢动手打他，那种违背"道义"的事情不可想象。弁庆的不敬行为却挽救了一行人的性命，到达安全地带之后，弁庆立即跪在源义经面前请求赐死，而仁慈的主君也赦免了他。

在这些古老的故事发生的年代，"道义"都是发自内心的，

图注

源义经是深受日本人喜爱的传统英雄之一，他富有传奇与悲剧色彩的一生，在许多故事、戏剧中都有描述，他与弁庆的故事更是被广为传颂。图中为浮世绘大师月冈芳年所绘的义经与弁庆。

127

丝毫未受到怨念的玷污，这是近代的日本人对黄金时代的美妙构想。这些故事告诉他们，在那个时代，"道义"没有丝毫"不情愿"的因素。如果"道义"与"忠"发生冲突，人们可以理直气壮地坚持"道义"，并以此为荣。那时，"道义"是一种可敬可爱的人际关系，也是封建制度最好的装饰品。"讲道义"的含义就是终身忠于主君，反过来，主君通常也以诚挚报答臣仆。"担当忠义"，就是不辜负主君的深恩，身上的一切都是主君的，即便是性命，也随时准备献出。

这当然是一种幻想。在日本封建历史上，许多武士的忠诚被敌方大名收买。而且如下章所述，主君对家臣稍有侮辱怠慢，家臣就有可能弃职而去，甚至与敌人勾结对付主君。日本人喜欢颂扬复仇行为，同时对捐躯尽忠也津津乐道。两种行为都是"道义"，尽忠是对主君的"道义"，对侮辱怠慢进行复仇则是维护自身尊严，是对个人名誉的"道义"。在日本，这是同一盾牌的两面。

不过，对于今天的日本人，古代那些关于忠诚的故事，只是令人兴奋愉悦的白日梦而已。因为，如今的"承担道义"，已经没有了自己合法的主君，而是对各色人等履行各种义务。今天的人们常充满怨愤之情地谈论"道义"，强调是舆论压力迫使人们违心地履行道义。他们说："同意这门亲事，完全是出于道义"，"我录用那个人，完全是出于道义"，"我去见他，完全是出于道义"。人们还常常说"受到道义地缠累"，这句话在辞典中译成"I am obliged to it."（我不得不这样做）。人们说，"他用道义强迫我"或者"他用道义逼我"，这些类

128

似的惯用语的意思是说，某些家伙仗着以往所施的恩情，迫使人做不愿意或不想做的事。在村子里，在小商店里，在上层财阀圈里，甚至在日本内阁里，人们都"受道义所逼"或"为道义所迫"。求婚者可以利用道义，即凭借两家是故交，要么两家有交易，来强求对方做自己的岳父，人们也会用同样的手段，去攫取农民的土地。迫于"道义"的人，也觉得不能不答应，他说："如果不帮助恩人，别人会说我不讲道义。"这些说法都有不情愿或委屈的含义，恰如日英辞典解释的那样："For my decency's sake"（仅仅是为了情面）。

　　"道义"的规定非常严格，就是必须要报答。它不是像《摩西十诫》那样的一套道德准则，某人迫于"道义"，有时很可能会无视践踏正义感。他们常说："为了履行道义，我无法坚持正义"。而且，"道义"的准则根本不需要人们"爱邻如己"，也不要求人们真心主动地慷慨行事或宽容待人。他们说，你必须履行"道义"，因为"如果不这样做，世人就会说你不讲道义，你就会羞于面对世人。"总之，人言可畏，迫使你不得不屈服。事实上，"对社会的道义"在英语中常常被译为"Comformity to public opinion"（服从舆论）。辞典中还把"因为这是对社会的道义，只好如此，没有别的办法"这句话译作"People will not accept any other course or action."（无论你想采取什么别的办法，世人都不会接受）。

　　这样的"道义规矩"，类似于美国人关于"欠债还钱"的规矩，将二者进行比较，在很大程度上有助于理解日本人的态度。在美国，如果有人给你写信，送你礼物或者适时给你劝告，这些恩惠和情分，我们不会非得考虑去偿还。但是对于美国人而言，银行的借款或利息，却是必须要偿还的。在美国的金钱交易中，对于不能偿还银行借款的人，就会宣布他人格信用破产，这是十分严酷的惩罚。在日本则把不讲道义的人视为人格破产，而生活中，人们可能会到处触碰各种"道义"，随处都能招致人格破产。这就意味着，日本人生活在这个复杂的世界上，每天都要谨小慎微，步步小心。美国人毫不介意的那些细小言行，或者压根不会想到要承担什么义务的小事，日本人都要慎重对待，唯恐有失。

日本人对于"社会的道义"，和美国人借债还账比较，还有一个相似点，就是对"道义"的偿还存在等量关系，要保持毫厘不差。在这一点上，"道义"和"义务"截然不同。"义务"通常是无止境的，子女不论怎样做，也不可能完全报答父母的情义，但"道义"则是有限度的。在美国人看来，日本人对报答旧恩的态度几乎是滴水之恩，涌泉相报，但是日本人并不这样看。我们觉得，日本人的送礼习惯也很奇怪，譬如每年两次，每家都要包装一些礼品，作为六个月前所受恩情的答礼。女佣人家里会年年寄礼物来，以感谢主人雇用她的恩惠。但是，日本人忌讳更重的回礼，答礼如果超过了馈赠，会让人感觉"赚礼"，这会让人颜面扫地，是很不名誉的事情。在送礼的各种规矩中，最难堪的是"用小虾钓大鱼"。事实上，偿还"道义"时也是如此。

只要可能，人们都会记录相互之间的礼尚往来，不论是劳务上的，还是物品上的。在农村，有些记录由村长保管，有些由村户互助组保管，有些由家庭或个人保管。参加葬礼时，人们都习惯送"奠仪"，亲属们还要送来各种彩布，用以制作送葬的布幅。乡邻们都会来帮忙，女人们下厨房帮着做饭，男人们帮着打制棺材、挖墓穴。在须惠村，村长把这些事情记录在一本账簿上，这对死者家属来说十分重要，因为账簿里记录邻居们送礼帮忙的细节和名单，如果将来那些家庭有人去世，这些都是还礼的依据，这些都是常年礼尚往来的情形。此外，还有一些短期的礼尚往来，在各种筵席上，比如村中的葬礼，丧主要用饭菜款待帮忙打棺材的人，而帮忙的人也要给丧主带些大米作为膳食之资。在大多数筵席上，客人们都要带来一些米酒，作为对宴会的报偿。无论是庆生或是悼亡，无论是插秧还是盖房，以及各种聚会，交换"道义"的情况都被仔细记录下来，以备日后偿还。

关于"道义"，日本人还有一个心理惯性，这一点与西方借债还账很相似。那就是如果逾期未还，就会像产生利息那样不断增长。埃克斯坦博士叙述过这样一件事，他与一位日本制造商有过交往，这位商人资助埃克斯坦博士旅费，让他去日本收集野口英世的传记资料。埃克斯坦博士回到美国撰写传记，定稿后把书寄到日本，却没有回音，也没有收到任何回信。博士担心书中有些内容触怒了这位日本人，他写了好几封信寄过去，仍然没有回音。几年之后，这位日本制造商打来电话，说他正在美国。不久之后，他来埃克斯坦博士家拜访，带来几十棵日本樱花树。这份礼物实在厚重。这就是因为延误太久，回报必须送一份厚礼。这位日本人对埃克斯坦博士说："您当时大概不是想要我立刻还礼吧！"

131

一个人迫于道义，往往因时间延长，"债务"就会随之加重。例如，某人向一位小商人求助，因为他是商人小时候的老师的侄子。这位学生年轻时没有能力报答老师，在道义上他的负债随着流逝的岁月逐渐增加，越积越重。这位商人虽然"不情愿"，但还是"不得不"答应帮忙，以偿还老师当年的恩情，"以免遭世人非议"。

第 八 章

洗刷名誉

对个人名誉所承担的"道义"，也就是保证自己的名声和荣誉不受玷污的一种义务。这种"道义"是一系列的美德，对于西方人而言，有的美德互相矛盾，但日本人则认为是完全统一的。因为这类义务不是报恩，不属于"恩"的范畴，这是保护自己名誉的行为，不涉及以往从别人那里受到的恩惠。因此，想确保个人名誉，就要遵守"安守本分"的各种烦琐礼仪，能够忍耐痛苦，并且在专业和技能上维护自己的名声。另外，维护自我名誉的"道义"，还需要以行动消除毁谤或侮辱，打击恶意的毁谤者，洗刷被玷污的名誉，甚至为此不惜了结性命。在这两种极端的行为之间，可以有各种各样的解决办法，但绝不能随便应付了事。

　　我所说的"对名誉的道义"，日本人并不明确其概念范畴，只是把它描述为"报恩"以外的某种责任。以此为基础对"道义"进行分类，并非"对社会的道义"就一定是报答别人的恩惠，而"对名誉的道义"则包含了复仇行为。西方语言把二者区分为报恩与复仇两个对立概念，但日本人对此不以为然。一个人对别人的善意有所反应，也会对恶意有所反应，一种美德同时兼顾这

134

两方面，为什么不行呢?

日本人就是这样认为的。一个有德行的好人对恩情和侮辱同样感受强烈，无论是报恩或者是报仇，他都会认真对待，也都能体现他的美德。日本不像我们那样区分两者，我们认为报仇是侵犯，而报恩不是侵犯。在他们看来，只有"道义范围"之外的行为才算是侵犯。只要是维护"道义"，为自己洗刷污名，就不能算是犯了侵犯罪，他只不过是公平算账而已。他们认为，只要不清除遭受的侮辱和毁谤，不洗刷失败和羞耻，"世道就不公平"。一个好人应该努力让世界保持公正的平衡。这是美德，不是罪恶。在欧洲历史上的某些时代，维护名誉的"道义"，也曾经是一种美德，就像在日语中把"感谢"和"忠诚"放在一起，在文艺复兴时期，尤其是意大利，曾经盛极一时。

古典时期西班牙的 elvalor Espaol（西班牙的勇敢），还有德国的 die Ehre（名誉），跟这都极为相似，甚至与欧洲一百多年前流行的决斗行为，也有些共通之处。无论在日本还是欧洲各国，重视洗刷名誉的道德观，其核心内涵是超越一切物质上的利益。一个人为了"名誉"，可以牺牲财产、家庭甚至自己的性命，牺牲得越多，越是被看做道德高尚的人。这是道德概念本身的一部分，国家通常肯定这样的"精神"力量和价值。它当然会带来巨大的物质损失，却难以衡量利害得失。在美国人的生活中，充斥的是激烈的竞争和公开的敌对，这与道德名誉观形成鲜明的对比。在美国的某些政治或金钱交易中，人们无所不用其极，为了获取和维持某种物

虽然中日两国在文化上有许多共通之处，但在对待"名誉"的态度上却有天差地别。在中国人看来，一个君子应该像图中的苏轼一样，有宽大的胸怀，面对别人的诽谤与敌意当泰然处之，甚至以理令对方改变态度，使用暴力才是不"名誉"的做法。

质利益，简直可以发动战争。只有某些特殊情况，比如肯塔基山区民众之间的械斗，那里的习俗才真正是为了名誉而战，属于"对名誉的道义"的范畴。

不过，在任何文化中，为维护名誉的"道义"都会伴随着敌视和伺机报复，这不是亚洲大陆特有的"美德"，也不是所谓的东方特质。因为中国人就没有这种特点，暹罗人和印度人也没有。中国人认为，听到侮辱或诽谤就神经过敏，这是一种"小人"行径，只有道德卑下的人会这样，而日本人则把它看作崇高理想的一部分。在中国的伦理观念中，一个人突然使用暴力，是绝对不应该的，哪怕他是因为受到侮辱而实施报复，滥用暴力就是错误。他们觉得一个人如此神经过敏，是非常可笑的。这种人不会尝试用各种善良而伟大的行动，来证明诽谤是无稽之谈。暹罗人对于侮辱伤害也根本不敏感，他们像中国人一样，让诽谤者处于尴尬地位，显得滑稽可笑，绝不认为自己的名誉遭受损害。他们说："我的容忍退让，才会显出对方的卑鄙残忍，这是最好的办法。"

在日本，所有不属于"侵犯"类型的美德都包含在"道义"中，这有助于完整地理解"对名誉的道义"。复仇只是特定场合需要执行的一类"道义"。除此之外，"对名誉的道义"还包括镇定、克制的行为。一个自重的日本人必须懂得坚忍和克制，这也关乎他的名誉。女人在分娩时不能大声喊叫，男人在痛苦和危险中也必须泰然处之。当洪水冲进村庄，每个持重的日本人要收拾好必需品，妥善找到一处高地，不能胡乱地奔跑喊叫，不能惊慌失措。在台风暴雨来袭之时，日本人也是同样地自我克制。这是日本人自我尊严的一种体现，哪怕他无法完全做到。他们认为，美国人的自尊心中没有自我克制。在日本，自我克制中还包含了"位高任重"的义务，所以封建时代，对武士的要求高于对普通人的要求，对平民德行的要求不那么严格，只是要遵守各个阶层的基本准则。如果说，对武士的最高要求是忍耐极端的身体疼痛，那么对平民的最高要求则是忍受带刀武士的侵犯。

关于武士坚忍的故事，有一些非常有名。他们必须能忍饥挨饿，这都不值一提，他们奉命在饿肚子的时候，也必须要装出一副刚刚吃过的样子，而且还用牙签剔牙。谚语说："雏禽求食而鸣，武士紧咬牙签。"在二战中，这句话成了日本士兵坚韧的格言。武士们不能向痛苦屈服。日本人的态度有点像那个少年兵回答拿破仑的故事："受伤了吗？不，禀告陛下，我被打死了！"武士临死前不能露出丝毫的痛苦神色，面对死亡也毫不畏缩。据说，在胜伯爵①小的时候，睾丸曾被狗咬伤，当医生给他做手术时，父亲用刀指着他的鼻梁说："如果你哭出声来，我就杀了你，至少不会羞辱武士的名誉。"他虽然出身于武士家庭，但当时家境落魄，已经到了一贫如洗的地步。

"对名誉的道义"还有一个要求，就是他的行为必须与身份地位相称，如果不履行这种"道义"，就丧失了尊贵的权利。在德川时代，对各个阶层的衣着、财产、生活用品几乎都有详细的规定，不同地位的人要依照身份规定去生活，这是每一阶层的人都应该维护的尊严和义务。这种按世袭阶级地位规定的严格律令，让美国人感到震惊。在美国，想要获得尊严和权利，就要努力提高自己的身份地位，那种固定不变的阶级法令和等级制度与我们的社会基础格格不入。德川时代的法律规定令我们感到不寒而栗，某一等级的平民可以给孩子买某种布娃娃，而另一等级的平民则只能买不同的布娃娃。然而，在美国，我们的另一套规定也产生了同样的结果，而且我们毫无怨言地接受了这个事实：工厂主的孩子能拥有一列电动火车，而佃农的孩子有一个玉米棒做的娃娃就心满意足了。我们承认不同的人收入也不同，并认为差异是合理的。在美国，赚取高薪才是尊严的表现。既然购买不同的布娃娃取决于收入高低，那就不会与我们的道德观念产生冲突，有钱人就可以给孩子买高级布娃

---

① 胜伯爵名为胜海舟（1823—1899），幕末及明治初年著名政治家、军事家。历任幕府陆军总裁、明治政府外务大丞、兵部大丞、海军卿等。（编译者注）

娃。而在日本，富翁往往会遭到怀疑，不一定能享受到与财富相称的地位。即使在今天，日本的穷人和富人一样，都保持着遵守等级制度的习惯，以维护各自的尊严。这是美国人无法理解的，早在18世纪30年代，法国人托克维尔就指出了这一点，我们在前文引用过他的话。托克维尔生于18世纪的法国，尽管他对美国的民主制予以好评，但他深知并热爱的仍是贵族式的生活方式，他认为美国有诸种优点美德，却缺少真正的高贵与尊严。他说："真正的高贵在于各安其分，不卑不亢，无论王子或是农夫，皆以此自处。"托克维尔能理解日本人的态度，认为阶级差别本身没什么不体面。

今天，我们有条件对各民族文化进行客观研究，大家认为，对于"真正的尊严"，不同的民族有不同的定义，正如人们对"屈辱"也能作出各自不同的解释。有些美国人叫嚣说，只有在日本推行我们的平等主义，日本人才有可能获得尊严。其实这是一种以自我为中心的说法，犯了民族主义错误。确如他们所说，如果真的希望日本人保持尊严，就必须认清他们自尊心的基础。正如托克维尔认为的，那种贵族式的"尊贵"正从现代社会中消逝，我们也相信另一种更美好的尊贵会取而代之。毫无疑问，日本的将来也必定如此。但今天，日本只能在它本有的基础上重建尊严，而不是在我们的基础上重建。而且，它只能用自己的方式来净化自己。

除了"自守本分"之外，"对名誉的道义"还要履行很多其他义务。借钱时也许要抵押"名誉"，在二三十年前，借钱的人都要向债主保证："如果不能按时还钱，我就在大家面前被人耻笑。"实际上，即使真的还不起，也不会公开受辱，因为在日本压根没有当众揭丑这回事。但是，每当除夕之夜，必然要偿还债务，还不起债的人可能以自杀的方式"洗刷污名"。直至今日，仍有人在除夕之夜自杀，只是为了挽救自己的声誉。

各种职业道德也与"名誉的道义"有关。日本人对道德的要求往往很奇怪，在某种特殊情况下，人们会成为众矢之的，而且备受责难。比如说，因为学校失火，很多校长引咎自尽，其实跟火灾毫无关系，他们是为天皇御像而死的，日本的每一所小学都挂着天皇画像。有些教师冲进火中，就为抢救天皇御像，甚至不惜被火烧死。这些人以死表明，他们是多么看重自己的名誉道德，多么重视对天皇的"忠诚"。至今还有很多故事流传甚广，有些人在公开场合庄严朗读天皇诏书，不管涉及教育还是军事，都会因为偶尔读错而内疚，并以自杀的方式洗刷罪孽。在当今的天皇统治下，也有人因一时不慎，给孩子起名"裕仁"——这是天皇的御名，在日本是必须避讳的——这个人因此自杀，并且杀死了自己的孩子。

在日本，专业人士对名誉的要求也很苛刻，但不一定用美国人理解的那种高水准专业水平来维持名誉，教师们说："作为一名教师，我无法漠视自己的职业道德，绝不能对学生说'不知道'。"他的意思是，即使他不知道青蛙的属科，也必须要装作知道。一名教英语的教师，即使只在学校学了几年基础英语，也不能容忍有人纠正他的错误，"教师名誉的保证"特指这种自我防御。企业家也是一样，对名誉的维护意味着，他不能向任何人透露已经濒临破产，或是商业计划失败。外交官在"道义"

上也不能承认外交方针的失败。所有这些关于"道义"的阐述，都是把人和职业能力等同起来，质疑某人的工作能力，就等同于批评他本人。

日本人认定，失败和不足必然导致名誉扫地，这种过激反应在美国也时有发生。我们都知道，有些人一遭到诽谤就气得暴跳如雷。但是，美国人却很少像日本人那样高度警惕戒备。如果一位教师不知道青蛙的属科，他也许会掩饰自己的无知，但他最终会觉得，老实摊牌要比不懂装懂好一些。如果商人对自己推行的计划不满意，他会考虑再推出另一种新策略。他当然不会认为，自己的计划永远都管用，这可不是维护名誉的好办法。如果承认错误，就必须引咎辞职甚至退休？他决不会这么想。可是，在日本，这种自我戒备机制已经深入人心。所以，不要当面指责某人犯了专业上的错误，这是一般的礼节，也是一种明智的态度。

当比赛失败的时候，这种敏感性表现得尤为显著。例如找工作时有人比他更适合，或者在考试中失利了，他就会因为失败而感到"蒙羞"。这种羞耻感有时会鼓舞他加倍努力奋斗，但更多时候很危险，会让人变得沮丧气馁。他可能丧失自信心，变得忧郁，一蹶不振，也可能怒发冲冠，或者忧愤交加。他的努力受到挫折，因而最终放弃。对美国人来说，非常重要的是，我们认识到竞争是一件好事，竞争能让人们达到被社会认可的效果，这在日本不会发生。心理测验证明，竞争能刺激我们努力工作，表现得越来越出色。有竞争者存在，就会提高工作效率，自己一人工作时，就达不到那种成绩。但在日本，测验结果正好相反，这种现象在青春期之后尤为明显。日本儿童喜欢竞争，他们把竞争当成游戏，不会有太多顾虑。但是青壮年的表现就差多了，竞争会降低工作效率。人们单独工作时，进步迅速，很少出错，速度也很快，一旦出现竞争对手，就不停出错，速度也会慢下来。当他们跟自己比较衡量成绩的时候，一定会做得最好，如果跟别人的成绩作对比，就表现得很差劲。日本人用实验对此作出正确分析，他们说，如果某项工作具有明显的竞争性，人们就会集中精力担心失败发生，就干不好工作。他们对竞争异常敏感，仿佛竞争就是对自己的侵犯，因而把注意力转到与入侵者的关系上，不再专注手头上的工作。①

测试表明，接受测验的学生心理压力极大，想到可能会失败蒙羞。正如教师、商人都要保持各自职业上的"名誉道义"，学生也十分重视他们的"名誉道义"。在竞赛中失利的学生团队，会因羞耻而自暴自弃。赛艇运动员可能扑倒船上，手握船桨号啕大哭。输掉比赛的垒球队员可能抱成一团失声痛哭。在美国，我们会说这些家伙太糟糕了，简直没有器量。我们的礼仪态度是，失败者要承认胜利者很优秀，并且跟胜利者握手致意。每个人都讨厌失败，但我们更看不起那些输了比赛就情绪过度激动的人。

日本人总是想方设法避免直接竞争，他们非常有创意。日本小学中的竞争少之又少，让美国人无法想象。日本的教师有

---

① 测试报告见拉迪斯拉斯·法拉格《日本人：性格与精神面貌》，为民众精神面貌委员会撰写。

责任让每一个孩子提高自己的成绩，不能给他们机会去跟别人比较。日本的小学里没有留级重读的制度，同时入学的孩子，要一起完成全部课程，然后一起毕业。小学生的成绩表上都是纪律操行，而不是学习成绩。当竞争无法避免，比如参加中学入学考试，学生们的心理紧张程度是可想而知的，当学生们知道考试落榜，很可能会自杀。每位老师都知道几个类似的故事。

把直接竞争的可能性降到最低点，这种做法在日本人的生活中极为普遍。他们的伦理基础是"恩情"，所以不愿给竞争留空间。美国人奉行的原则是：在与同辈的竞争中，要表现得出色优异。在日本的等级制度中，对每一个等级都有繁琐而具体的规定，这就把直接竞争控制到最低点。日本的家族制度也限制了竞争，在美国，父子之间可能存在竞争，但在日本绝对不会，父亲与儿子也许互相看不惯，但不会相互竞争。日本人常常批评美国的家庭生活，同时又感到惊诧奇怪，因为在美国，父子俩会争着用家里的汽车，还会在母亲或妻子面前争宠。

为了避免直接竞争的冲突，日本人通常请中间人进行调停，这是防止双方直接对峙的最佳办法。一个人在失败时往往感到羞愧，这种情况下他需要鼓舞和安慰。因此中间人在日常事务中发挥着重要作用：提亲、找工作、离职以及不计其数的琐事。中间人传达双方的意见，如果碰上结婚这样的大事，双方都要请媒人，两个媒人先交涉细节，然后各自向己方汇报。用这种间接方式处理问题，当事人就不至于当面听到对方的要求和责难，因为在直接交流中难免发生伤及情分和道义的事。正因为中间人发挥了重要作用，他们往往能获得声望和尊重。谈判如

第八章　洗刷名誉

143

果顺利，中间人就赢得赞誉，脸上增光，日后的谈判机会会更多也更顺利。求职者如果想打探雇主的意向，或者员工想递交辞呈，也都请中间人以委婉的方式帮忙。

有些时候，自己的"道义名誉"遭受质疑，这会令人感到羞愧难当，所以要尽可能避免这类情况的发生，为了减少这种可能性，人们就会远远地避开直接竞争。日本人认为，主人有责任用庄重的欢迎仪式来招待客人，而且自己也要穿上规整正式的礼服。因此，如果你来到一个平民家里，他穿着日常的工作服，那么你需要等一会儿，直到他换好合适的礼服，安排好欢迎仪式，才正式欢迎你来家里做客。哪怕客人正坐在屋里，主人也没有欢迎一下的意思，在他换好衣服置备仪式之前，客人就仿佛不存在一样。在农村也是一样，青年男女约会见面，男的要等到夜晚家人都入睡之后，甚至女孩已经上床。男的来了之后，女孩子可能会接受，也可能会拒绝。但是男的会带一条毛巾，把脸包裹起来，这样哪怕女孩拒绝他，第二天也不用感到羞愧。这类蒙面术不是掩饰身份，防止女孩认出他，而是为了将来否认曾经遭受过被拒绝的侮辱，其实这是一种鸵鸟方式。日本人的礼节，要求在任何事情成功之前，尽可能不让人知道。在缔结婚约之前，媒人要想办法撮合婚事，让男女双方的相逢看起来是偶然邂逅，然后再努力让他们走到一起。如果在见面阶段就把婚事目的说出来，那么万一婚事告吹，就会影响一方或双方家庭的声望和名誉。一对年轻人必须由双方父母陪同，由媒人安排，严密谨慎地安排双方"偶然相遇"的情形。见面的场合要么在每年的菊花展上，要么是观赏樱花的时候，要么在某个公园里，要么在某个娱乐场里。

　　还有许多其他方式，总之日本人就是想避免挫败感，不要伤及名誉和脸面，虽然他们强调自己有责任洗刷受辱的名声，但实际上，日常生活的许多事情都进行了精心安排，很少人会遭受侮辱，不会产生羞耻的感受。这与太平洋群岛上的许多民族风俗迥然不同，尽管这些民族也跟日本人一样，把洗刷名誉的事情看得无比重要。

　　在新几内亚和美拉尼西亚的原始部族，人们通常从事园艺种植劳动。遭受侮辱而产生的愤怒，往往会成为部族或个人行动的主要动力。每当举行部族宴会，大家彼此议论，说某个村子的人是吝啬鬼，穷得连十个客人也请不起，还把芋头和椰子都藏起来，他们的首领都是蠢货，连宴会都组织不起来，等等。于是遭到侮辱的村子就必须行动起来，他们举行宴会，每个角落都堆满东西，以炫耀豪奢和慷慨，一定要让来客感到惊异，才能洗刷羞辱和污名。在婚姻安排和经济交易上也是这样安排的，即便打仗交战也是如此，敌我双方在搭弓射箭之前，必须互相谩骂一阵子。哪怕是鸡毛蒜皮的琐事，他们也要当做大事一战到底，然后拼个你死我活。这种"荣誉感"刺激部族采取行动，他们往往精力旺盛、活力四射。不过，也不会有人说他们是礼仪之邦了。

　　相反，日本人却是尚礼的模范。礼仪名誉可以衡量他们的自我控制达到何种程度，他们极力限制那些需要洗刷受辱污名的事情。虽然侮辱会引起愤怒，而愤怒则是取得成就的良好鞭策，但日本人却极力避免挑起事端，只有在特定场合，或者无法用

145

正当途径消除耻辱时，他们才愤然而起洗刷污名。这种对名誉的刺激鞭策，使得日本在远东地区取得了主导地位，近十年对英美开战的政策也受到"名誉道义"的推波助澜。关于日本人对侮辱敏感，而且热衷复仇，西方人已经作过诸多讨论，但是，这些议论更适用于新几内亚那些以侮辱为动力的部族，而不适用于日本。日本战败之后，将来会如何？西方人作出过多种预测，但都不切合实际，因为他们没有认识到，日本人对名誉的"道义"，有很多特殊的需求和限制。

日本人讲礼貌，但美国人不应当被这点误导，以为他们对诽谤不敏感。美国人随便评论人，把说闲话视为游戏。我们很难理解，日本人会把轻微的批评当做要命的大事。日本画家牧野芳雄在美国出版的英文自传，生动描述了日本人所理解的"嘲笑"，以及他对"嘲笑"作出的典型反应。写这部传记时，他已经在欧美度过了大部分成年时光，但他仍然强烈地感到，他好像还生活在故乡——日本爱知县的农村。他的父亲是一位颇有地位的乡绅，他是家里最小的儿子，在幸福的家庭中成长，受到无比的呵护和宠爱。在他童年即将结束时，母亲去世了。不久父亲破产，为了偿还债务，父亲变卖了全部家产。家庭败落之后，牧野身无分文，他的一个梦想是学习英语，而这时却无法实现宏愿。他投靠附近的一所教会学校，在那里当门房，目的是要学英语。直到他十八岁时，只去过附近的几个乡镇，他没出过远门，却决心要去美国。

　　我去拜访一个最信赖的传教士，跟他说，我想去美国，希望

146

他给我提供一些有用的信息。可是，却让我大失所望，传教士惊叫道："什么？你要去美国？"他的夫人刚好也在房间里，他们俩一块儿嘲笑我。刹那间，我似乎觉得满脑子的血液都流到了脚底！我默默地站在原地，站了几秒钟，没跟他们说"再见"，就回到了自己的房间。我跟自己说："一切全完了！"

第二天早上我就离开了。现在，我要说一说原因。我一直坚信，世界上最大的罪恶就是待人不真诚，而嘲笑人则是最不真诚的。

我常常原谅别人发怒，因为脾气不好有时是人的本性。如果有人对我说谎，我一般也能原谅，因为人性很脆弱，面对困难时不够坚强，不敢讲真话。对那些毫无根据的流言蜚语，我也能原谅，因为人们很容易被谣言蛊惑。

甚至对杀人犯，我也可以根据具体情况酌情体谅。但对嘲笑，则无法原谅，因为只有内心不真诚，才会嘲笑无辜的老实人。

让我来对两个词下一个定义。杀人犯：杀害别人肉体的人；嘲笑者：杀害别人心灵的人。

心灵比肉体珍贵得多，因此，嘲笑是最恶劣的罪行。事实上，那一对传教士夫妇企图残害我的灵魂和心灵，我的心感到一阵剧痛，叫喊道："你为什么……"[1]

第二天早上，他把全部家当打成一个包袱，背着走了。

---

[1] 牧野芳雄《当我是个孩子时》，1912年版。

他感到被传教士的嘲笑"残害了"，传教士不相信，一个身无分文的乡村少年想去美国，想成为艺术家。他的尊严和名誉都被玷污了，只有实现他自己的目标，才能雪耻污名。遭受传教士的嘲笑之后，他别无选择，只能离开那里，努力证明他有能力去美国。他指责传教士时，用英文"Insincerity"（不真诚、不诚恳），这让我们感到奇怪，在我们看来，那位美国传教士的惊奇完全符合"Sincere"（诚实、正直）的含义。而牧野则按日本人的理解使用这个词，他们通常认为，蔑视别人、恶意挑起事端的人，都是不真诚的。传教士的嘲笑就是这样的行为，放肆而且毫无顾忌，既不道德，也不真诚。

"甚至对杀人犯，我也可以根据具体情况酌情体谅。但对嘲笑，则无法原谅。"既然嘲笑无法"原谅"，那么唯一可行的就只有报复。牧野来到了美国，成了画家，也就洗刷了受辱的名誉。遭到侮辱或失败之后，"报复"是一件"好事"，是日本高尚的传统。日本人给西方读者写书时，常使用生动的比喻和修辞，来描述日本人对于报复的态度。新渡户稻造是一个富有博爱精神的日本人，他在 1900 年的书中写道："复仇中存在某种满足正义感的东西，有时像数学题一样精确严密，如果方程式两边未求出相等结论，事就没完。"[①] 冈仓由三郎在《日本的生活与思想》中，把复仇与日本一种独特的风俗作了比较：

"日本人那些所谓的精神特性，源于喜爱洁净和厌恶污

---

① 新渡户稻造《日本的灵魂》，1900 年版。

秽。但是，需要注意的是，因为我们从小被训练要关注侮辱，事实也是如此，无论遇到家庭名誉受辱，或是国家荣誉遭诋毁，都是污秽和创口，必须通过申辩和反击，来彻底洗刷干净，否则就不能恢复清洁和健康。在日本的公私生活中，常遇到复仇事件，不妨把这些看做是日本人的晨浴，日本人都喜欢早晨洗澡，因为人们喜爱清洁的习惯已经成了一种洁癖。"[1]

他又说，"日本人过着清净无尘的生活，犹如一树盛开的樱花，美丽而凝静。"书中"晨浴"的意思，就是洗净别人扔到你身上的污泥，只要身上沾到一丁点，就不可能贞洁。世上有一种伦理教导说，只要自己不感到受侮辱，就不算是受辱。所谓"人必自侮而后人侮之"，受辱的根源全在于"自辱"，并不在于别人说什么做什么。但日本人从来不这样认为。

日本的传统公开提倡"晨浴"式的报复。数不清的复仇事件和英雄故事已经家喻户晓，其中流传最广、最脍炙人口的就是历史故事《四十七士》。人们在教科书里看到这些故事，在剧场中演出，改编拍摄成电影，改写成通俗小说。它们俨然已成为日本当代文化不可分割的一部分。

许多故事讲的是对偶然失败的愤慨，例如一个故事中，大名叫来三个随从，让他们猜一柄宝刀是谁打造的，三人说法不一。后来请来专家揭晓谜底，只有山三说的正确，那是一柄"村正"宝刀，另外两人猜错了，他们就把失败看成一种耻辱。夜里其

第八章　洗刷名誉

---

[1]　冈仓由三郎《日本的生活与思想》，1913年伦敦版。

中一人等山三睡着，就去刺杀他，但山三没有死。后来那人一心要报复，最后终于成功杀了山三，保全了自己的名誉和尊严。

还有一些故事是讲被逼无奈的人对主君实施复仇。按照日本的伦理，"道义"具有双重含义，意味着家臣必须终生效忠主君，同时如果家臣受到了主君的侮辱，也会转变为不共戴天的仇人。有一个故事讲道，家康是德川时期的第一位将军，有个家臣听到家康在背后嘲笑他"会被鱼骨头卡死"，觉得侮辱了他的武士尊严，绝难容忍。于是，这位家臣发誓，至死不忘此辱。当时全国尚未统一，家康刚刚迁都江户，敌人势力仍然强大。这位家臣暗中勾结敌方领主，策谋做内应，试图纵火烧毁江户。他认为这样就保全了名誉"道义"，向家康报仇雪恨了。西方人讨论日本人的忠诚，很多结论不切实际。原因在于他们没有认识到，"道义"不仅是忠诚，在某些特殊情况下，背叛也彰显一种美德。正如日本人所说"挨打的人会成为叛徒"，遭受侮辱的人也是一样。

从这些日本历史故事中可以总结出两个主题：一个是错误那一方报复正确那一方；另一个是只要受辱就必须报复，即便侮辱自己的是主君。在日本文学作品中，这两个主题经常出现，故事情节也很多。如果仔细研究一下当代日本人的自传、小说和报道，我们就会很清楚地发现，尽管他们在传统思想里非常喜欢报复，但在现实生活中则和西方国家一样很少有报复行为，甚至更少。这并不意味日本人的名誉观念日趋淡薄，而是意味着对失败和侮辱的反应由进攻性越来越趋向于自卫性。他们对耻辱仍然很重视，但已更多地趋向以自我心理麻痹来代替挑起

150

不必要的斗争。在明治维新之前，缺少法律制约的日本人更倾向于直接报复。到了近代，随着法律、秩序以及处理相互经济依赖的难度增大，因而转向了背地里进行报复，或者把它直接放在自己心里。一些人开始玩弄计谋报复自己的仇人，并让对方毫无察觉，事后他也绝不会承认。这有点像老故事中，主人把粪便暗藏在食物里，用藏有粪便的美食招待客人，唯一的目的就是要客人毫不知情，并暗中报复一下。今天，就连这种背地里的报复也变少了，更多的是把矛头转向自己。有两种选择：一种是把它当做鞭策，激励自己做自己认为"不可能"的事；另一种是让它慢慢侵蚀自己的心灵。

日本人对失败、受辱和排斥很敏感，从而很容易埋怨自己。在过去的几十年，日本的小说一直在描写有教养的日本人一会儿很忧郁一会儿又很愤怒。这些小说的主人公厌倦一切，厌倦生活，厌倦家庭，厌倦城市，厌倦国家。他们的厌倦并不是因为未达到自己伟大的理想，与伟大的理想目标相比，一切努力都是很渺小的。他们的厌倦也不是来自现实与理想的对立。日本人一旦有了要追求伟大使命的目标，厌倦情绪就会慢慢消失，无论这个目标有多遥远，厌倦情绪都会彻底地消失。日本人这种特有的厌倦，是一种对感伤太敏感的民族的病态心理。他们把害怕被排斥的这种恐惧会深入内心，不知道如何去处理。与我们熟悉的俄国小说中的厌倦心理状态相比，日本小说有所不同。在俄国小说中，现实与理想的对立是小说主人公一切苦闷体验的基础。乔治·桑塞姆爵士曾说过，日本人缺乏这种现实与理想的对立感。他这样说，并不是为了分析日本人产生厌倦心理的根源，而是为了表达日本人对人生的一般态度，以及他们的哲学是怎样形成的。当然，这种与西方基本观念的对立已经远远超出此处所指的特殊事例，但这和日本人无处不在的忧郁症却有着特殊关系。日本和俄国都喜欢在小说中描写厌倦情绪，这和美国小说形成了鲜明的对比。美国小说一般不写这种题材，而是把书中人物的不幸归咎于性格缺陷或社会的残酷，很少描写纯粹的厌倦情绪。个人与环境不协调总会有一个原因，作者让读者从道义上责备主人公的性格缺陷，或社会秩序中存在的弊端。日本也有无产者小说，谴责城市中令人绝望的经济状况或者渔船上的恐怖事件。但是，正如一位作家说的，日本的小说暴露出这样一种社会，小说人物生活在其中，情绪爆发时就像有毒的气体在四处飘散。小说的主人公或作者都认为没有必要去分析周围的环境或主人公的经历，用以弄清阴云从何而来。这种情绪来去自由，人们都很容易受到伤害。古代英雄喜欢向敌人发动攻击，现在的日本人则把这种攻击转向内在。在他们看来，自我忧郁没有明确的原因。虽然他们也会找些事情当做原因，但这些事给人们留下的印象，最多也不过是一种象征而已。

现代日本人对自身采取的最极端的攻击行为就是自杀。按照他们的信仰，最适当的方法就是自杀，可以洗刷污名并使后人记得他们。而美国人则谴责自杀行为，认为自杀只是一种自我毁灭，是屈服于绝望的懦弱表现。日本人则敬重自杀，认为它是一种光荣而有意义的行为。在某种特定情境下，为了自己的名声，自杀是最荣耀的行为。那些在年底还不了债的人，为了对某种不幸事故负责而引咎自杀的官员，相爱没有结果而双双殉情的恋人，以死相逼抗议政府未对中国进行战争的"爱国分子"等等，都像考试失利的学生或不愿被俘虏的士兵一样，把最后一击对准自身。有些日本权威人士说，这种自杀倾向在日本是新出现的，我们很难判断这种说法的确实性，但是统计表明，近年来观察者高估了自杀的频率。19世纪的丹麦和纳粹统治前的德国的自杀人数，比日本的任何时代都要高。但有一点可以肯定，日本人喜欢自杀，就像美国人喜欢罪恶一样，两者都以此获得同样的乐趣。只不过与杀人相比，他们更愿意把这种乐趣建立在自杀上。借用培根的话来说，他们把自杀看作最喜欢的"刺激性事件"。议论自杀迎合了日本人的那种满足感，而其他话题却起不到这种作用。

对比近代日本与封建时期历史故事中的自杀事件，前者更加趋向自虐性。在那些历史故事中，武士为了免受死刑的侮辱，面对朝廷下达的死亡命令时，宁愿选择自杀，就像西方士兵宁愿被枪杀，也不想上绞刑架或者落入敌军之手遭受酷刑一样。武士允许切腹，好比一名普鲁士军官如果名誉扫地，他想秘密自杀，有时也会被批准一样。普鲁士军官犯了罪，他知道除了死之外，无法挽救名誉，在这种情况下，上司就会在他卧室的桌上放一瓶威士忌和一把手枪。日本武士也是一样，死是必然的，只不过可以选择死的方法，而近代日本人的自杀则是主动选择死亡。人们很少选择残害报复别人，而是把暴力转向自己。在封建时代，自杀行为最终是为了表明某人的勇敢和决绝，而如今的自杀则转变为主动选择毁灭自我。在最近四五十年间，

第八章　洗刷名誉

153

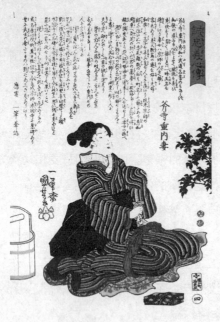

如果日本人觉得"世界混乱"，或者"方程式两边"不相等、不平衡，或者需要用"晨浴"洗净污秽的时候，他们愈发倾向于毁灭自己，而不是害死别人。

在日本的封建时代，人们往往把自杀作为最后一步棋，以争取决定性的胜利，现代也如此，而且更将自杀当成最后一张王牌。德川时代有个故事很著名，说的是幕府有一位德高望重的顾命大臣，担任将军的监护人，他曾经不顾其他重臣和幕府决策人的劝阻，当众抽刀祖腹，准备切腹自杀。这种威胁手段十分奏效，他推荐的人选最终继承了将军之位。他的自杀行动没有成功，但是已经达到了目的。用西方的话来说，这位顾命大臣是用"切腹"威胁反对派。在现代，这种带有抗议性的自杀行为已经不是谈判手段，而是变成为某种主义殉身，自杀殉道之所以出现，多半是

154

因为提出的主张未被当局采纳，或者是抗议当权者签订某种协议（如伦敦海军裁军条约），在某种程度上是为了青史留名。在这种情况下，只有实实在在的自杀成功，才能影响舆论导向。那种虚张声势，摆摆样子进行威胁的，是不可能奏效的。

日本人在"名誉道义"遭受威胁时，会把攻击的目标指向自我，这种倾向虽然正在发展，但并不意味着一定会使用自杀这种极端手段。有时自我摧残也可能表现为沮丧消沉，或是在日本知识分子中流行的那种十分典型的厌世情绪。这种情绪之所以在知识分子阶层无限蔓延，具有广泛的社会学原因。日本知识分子的过剩，使他们在等级制度中的地位显得很不稳定，只有极少数人能够得偿所愿，实现自己的雄心壮志。特别是在 20 世纪 30 年代，日本政府怀疑他们散布"危险思想"，这使他们愈发地感觉受伤。日本知识分子往往把自我抑郁归咎于西化所造成的混乱，但这种说法并不靠谱。日本人的情绪波动，典型表现为从强烈的献身精神急转为极端的厌世情绪。很多知识分子都曾遭遇过这种心理转变，这是日本传统文化所固有的精神因素。20 世纪 30 年代中期，许多日本知识分子采用传统方式摆脱这种厌世情绪。他们将国家主义作为人生目标，再次把矛头从自我内心转向外敌。对外发动极端主义的侵略，在这个过程中，他们重新发现了自身的价值，从而摆脱了恶劣的心态和情绪，甚至能感觉到有一股内在的巨大能量正源源不断地产生。他们觉得，在处理人际关系上很难做到这一点，但却相信能用这种办法征服一个民族。

这个民族的确很难改变，要么顽强不息地对外侵略，要么极端颓废地消磨时光，他们在这两种情绪之间摇摆不定，以纯粹的

"日本方式"对事情作出反应，这对他们来说却是极其自然的。当前，在日本人战败之后，他们的注意力主要集中在如何维护名誉，而且他们普遍认为，如果对战胜国采取友好态度就能够挽救日本的名誉。因而许多日本人得到一种派生结论，认为依赖美国可以达到这一目的，而且是最安全最稳妥的办法。日本人通常会认为，做得越多，错得越多，努力反倒会招致猜疑，还不如什么也不做，消磨时光最好。于是，消沉情绪逐渐蔓延开来。

但是，日本人绝不欣赏这种消沉的情绪。当今日本宣扬要改变生活状态，经常号召人们"从颓废中站起来"，"把人从消沉中唤醒"等，这也是战争期间广播里常用的口号。日本人以自己的方式跟消极无为的情绪态度做斗争。1946 年春，日本报纸连篇累牍地宣称："全世界的目光正注视着我们。"而轰炸之后残留的废墟瓦砾还没来得及清理，某些公共设施仍处于停顿状态，这让日本蒙羞，侮辱了日本的名誉。他们还指责那些无家可归的难民，说他们整日意志消沉，晚上睡在车站，让美国人嘲笑他们的可怜相。对于这种激发民族自尊心的呼吁，日本人通常都能理解，他们也希望倾注更多的努力，使日本将来能在联合国占有重要的一席，那样做当然也是为了荣誉，只是方向已经焕然一新了。未来大国之间若能实现和平，日本也能够走上自尊自重的道路。

日本人恒久不变的目标就是维护名誉，这是博取众人尊敬的必备条件。至于使用何种手段实现这一目标，则根据具体情况选择决定。如果情况有变化，日本人也会随之改变态度和方法，这不涉及道德问题。而我们却热衷于"信念"，执著于意识形态上的信仰，即使失败，信念也永不改变。欧洲人战败之后，在各处组织地下活动，而日本除了少数极端的顽固分子外，不会掀起抵制美军的运动，也不会在暗中组织地下活动反对美国占领军。他们觉得没必要坚持道义上的老路。美军占领日本不到几个月，即使美国人独自挤进拥挤不堪的火车，去日本某个穷乡僻壤的地方，也根本不必担心人身安全，而且还会受到当地官员的礼遇和接待，这些官员很可能曾是极端的国家主义者，但在日本境内从未出现过一次报复行为。当我们的吉普车经过村子，日本的孩子们站在路旁，大声高喊"Hello"（你好）、"Good—bye"（再见），幼小的婴儿不会自己招手，母亲就握着他的小手，朝着美国士兵挥动。

日本人战败后的180度大转变，对于美国人而言很难理解，却又是极其真实的。这一点美国人根本无法做到，对我们来说，这甚至比战俘营中日本俘虏改变态度还更令人费解。战俘们觉得对于日本而言，他们已经是死人。既然是"死人"，我们就猜不到他们会做出什么离谱的事。那些所谓了解日本的西方人士，几乎没有一个能预料到，上述的日本战俘表面看起来发生了性格变化，而这种变化竟然也出现在战后的日本公众中。多数西方人认为，日本"只知道胜或败"，在日本人眼里，失败就是耻辱，一定要誓死进行暴力复仇。某些人认为，日本的民族性不可能接受任何和平协商条款。这些研究日本的学者们不懂得"道义"，他们在研究日本众多维护名誉的事件时，看到了日本人的各种抉择，但他们只是挑出与复仇侵略明显相关的传统模式，没有考虑到日本人可能还会采取另一种方式。他们把日本人的侵略理论与欧洲人的法则混淆在一起。在欧洲的游戏规则中，个人或民族如果参加战斗，首先要确定战争目的是否具有永恒的正义性，而其正义力量来自压抑已久的憎恶和义愤。

日本人则从另一个角度寻求侵略的依据，他们迫切渴望赢得全世界的尊敬，他们看到大国都依靠军事力量赢得尊重的地位，于是试图跟这些大国并驾齐驱。但日本资源匮乏，科技落后，他们不得不采用比希律王更毒辣的残暴手段。他们为此付出了巨大的努力和代价，但最终还是失败了。这对他们来说，只是意味着选错了方法，侵略毕竟不是赢得名誉和尊重的正确道路。而"道义"则具有双重等量的含义，一是借助侵略手段，二是保持相互尊重的关系。在战败之后，日本人很快就从前者转向了后者，而且显然在心理上没有任何压力，这么做的目的仍然是为了维护名誉。

日本人类似的举动，也在历史上的其他场合发生过，这往往使西方人困惑不解。1862 年，在日本已经执行了长期的闭关锁国政策，一位名叫理查森（Richardson）的英国人在萨摩遭到日本人的杀害①，萨摩的武士大多傲慢好战，萨摩藩在日本以反对外族入侵而闻名，这里也是日本攘夷运动的策源地。英国就此事派遣远征军，并炮轰萨摩藩的重要港口鹿儿岛。日本人虽然在整个德川时代都在制造武器，但他们仿造的是旧式葡萄牙枪炮。在鹿儿岛战役中，日本人当然无法对抗英国军舰。但这次炮轰却引发了意外惊人的结果，萨摩藩并没坚持誓死报复，

---

① 地点应是生麦，位于横滨市。著者误以为是在萨摩。当时是萨摩藩兵队列通过生麦村，理查森欲横穿队列，引起纠纷而被杀害。（编译者注）

反倒向英国寻求和解。他们亲眼所见敌人十分强大，就很想跟对方请教一番，之后日本与英国建立了往来通商的友好关系，并于第二年在萨摩开办了英式学校[①]。根据当时一位日本人的描述，这所学校"讲授西方的学术奥秘和精义……因生麦事件而形成的日英友好关系正不断发展"。所谓萨英战争，就是指英国惩戒萨摩并炮轰鹿儿岛港的事件。

　　事实上，这并非是一个孤立的例证，长州藩与萨摩藩相类似，也以好战和激烈排外著称，这两个藩都是培养"王朝复辟"统治者的温床。当时没有实权的朝廷曾颁布一道敕令，命令幕府将军把一切外族夷狄赶出日本国土，敕令以 1863 年 5 月 11 日（阴历）为限期。幕府根本没理睬这道敕令，而长州藩则积极响应配合，当西方商船从下关海峡经过时，长州藩从港口要塞向商船开炮，只是日本的火炮和火药质量太差，外国商船毫发未损。为了惩治长州藩的野蛮行为，西欧各国派出联合舰队，以迅雷不及掩耳之势摧毁了长州藩要塞，并索要三百万美元的赔偿金，然而这次轰炸的结果与萨摩藩事件同样奇妙。诺曼对比论述两次事件时写道："日本攘夷排外时，这些藩部曾经冲在最前面，而此后态度却发生了巨大转变，无论背后的动机有多么复杂，这种转变却能证明他们极其现实，而且心态极其冷静，对此我们只能表示敬意。"

　　日本人很现实，他们善于应变的能力展现出"对名誉之道义"光明的一面。"道义"如同月亮一样具有两面性，有光明面和黑暗面。"道义"的黑暗面使日本人痛恨"美国限制移民法"和"伦

---

① 指开成所。

159

敦海军裁军条约"，他们把这些看做是西方对日本的极大侮辱，并促使日本推行这项惨烈的战争计划。而"道义"的光明面使日本善意地接受了1945年的投降，也接受了投降带来的一切后果。日本仍是一如往昔，没有改变，完全按照他们的性情做事。

现代的日本作家和评论家在谈到"道义"的各项责任时，会选出其中一些介绍给西方读者，称之为"崇尚武士精神"，也就是"武士道"。我们有理由说，这种介绍已经引起了某些误解。原因在于，"迫于道义""完全出于道义""为道义而竭尽全力"等口号，其背后都有着深厚的民族情感背景。而"武士道"这个名称是到近代才正式出现的，它不能完全囊括"道义"复杂多样的内涵，它只是出自评论家的灵光一闪而已。另外，武士道曾是日本民族主义者和军国主义者的口号，由于这些侵略者早已名誉扫地，武士道这个概念也受到了人们的质疑。这并不是说日本人从此以后不再"重道义"。相反，在这个重要的时期，西方人应当更进一步了解日本人的"道义"究竟意味着什么。还有一种理论，是把武士道看作和武士阶级一样，任何一个阶级都应认同某种"道义"。这与日本所有别的义务准则一样，地位越高的人，"道义"责任也就越重，只是所有的阶层都需要维护基本"道义"。至少日本人认为，"道义"对武士的要求比对平民的要高。外国的观察者则认为，由于普通百姓得到的回报最少，因而"道义"对百姓的要求相对也最高。在日本人看来，只要自己受到别人的尊重，就已经得到足够的回报，而那些"不懂道义的人"仍然是"可怜人"，他们会遭受同伴的藐视和排斥。

人之常情的世界

日本这种有恩必报和自我约束的道德准则，坚决认为私欲就是一种罪恶，并要求从内心根除它，这跟古典佛教的教义异曲同工。但令人奇怪的是，作为世界上为数不多的佛教国家之一，日本的道德准则却又很宽容感官的享乐，这一点显然是与佛教教义对立的。但日本人不是清教徒，他们并不认为私欲是罪恶。他们认为肉体的享乐是件好事，追求享乐，尊重享乐是无可厚非的，但是，享乐必须适可而止，不能耽误人生的其他大事。

　　这种道德准则使日本人的生活变得高度紧张，而印度人比美国人更能理解纵容感官享乐带来的后果。美国人认为享乐是不需要学习的，在他们看来，拒绝沉溺于享乐就是抵制已知的诱惑。但实际上，享乐也需要学习。很多文化都是不教授享乐的，这就让人认为，活着更多的是要作出自我牺牲。为了不影响家庭生活的平稳运行，有时候甚至连男女间的肉体吸引也要限制。在这些国家，家庭生活与男女爱情不同，是建立在许多其他因素之上。日本人一方面培养肉体享乐，另一方面又规定不能纵情沉溺于享乐，人们的生活变得很矛盾。他们像培养艺术一样享受肉体，在品味之后，又牺牲享乐，去履行义务。

日本人最喜欢的一种细致享乐方式就是洗热水澡，从最贫穷的农民、最卑贱的仆人，到富豪贵族，每天要在滚烫的热水中泡一会，这已成为生活的一部分。最常见的浴具是木桶，下面烧炭火，水温可加热到华氏110度或更高。人们要洗净身体再入浴，他们以胎儿的姿势在桶中抱膝而坐，任由水慢慢淹没到下颌，尽情享受温暖和舒适。他们每天洗澡，与美国人一样都是为了清洁。但其中又另有一番艺术情趣，用他们自己的话来说，年龄越大，情味越浓，这是世界其他国家的人洗澡时所难以体会的。

他们想尽办法以节约泡澡时的花费，但泡澡决不可少。城镇里有游泳池那样大的公共浴池洗澡，人们可以边洗边与伙伴聊天。在农村，几个妇女轮流在庭院里烧洗澡水，供几家人轮流入浴，她们也不在乎洗澡时会被人看见。上流家庭入浴也要严格遵守顺序，首先是客人，依次是祖父、父亲、长子，最后是家里最下等的用人。洗完澡的人们浑身红的像煮熟的虾子一样，然后一家聚坐在一起，在晚餐前享受这一天当中最舒适的时光。

日本人不仅注重"泡澡"这样的享受，他们同样重视传统的严酷的"体格锻炼"——冷水浴。这种习惯往往被称作"寒稽古"（冬炼）或称"水垢离"（冷水洗身锻炼），至今虽不再保留传统形式，但依然很盛行。帕西瓦尔·洛厄尔描述过19世纪90年代日本人的这种习惯，传统的冷水浴，要求人们黎明前出去，坐在冰凉彻骨的瀑布之下。寒冬之夜，还要在没有取暖设备的房间里往身上泼冷水，这真是一种苦日子。那些不想

163

当神职人员，却想拥有预言能力的人，在就寝前要进行"水垢离"，在"众神入浴"的凌晨两点时还要起床再做一次。早晨起床、中午及日落时也要各做一次。那些急于学会一门乐器或手艺来谋生的人，更加迷信这种黎明前的苦行。也有的人是为了锻炼身体，而把身体裸露于严寒中。现代的小学里没有取暖设备，那些练习书法的孩子，手指冻僵、长冻疮，也还要锻炼，因为有人说这可以锻炼孩子们的意志，将来能吃各种苦。西方人对日本孩子最深的印象就是，他们常感冒流鼻涕，但是也只能习惯。

日本人还很爱好睡觉，这也是他们最熟练的技能。不管什么姿势，甚至在我们认为完全不能睡觉的场合，他们都能舒服地睡着。这让很多西方的日本研究者惊奇不已。美国人几乎把失眠和精神紧张看成同义词，按我们的标准看，日本人精神应该是高度紧张的，应该会失眠的，可是他们却毫不费力就能睡着。日本人晚上睡觉很早，常常都是刚日落就睡了，这在东方是很少见的。但是他们早睡并不是为明天养精蓄锐，他们没有这种习惯。一个很了解日本人的西方人写道："到了日本，你就不能老想着睡觉是为明天工作做准备，你要把睡觉与解除疲劳、休息、保养等问题区别开。"睡觉就好比一项工作，也是"独立存在的，与其他事情无关"。美国人习惯性地认为睡觉就是为了保持体力，早晨一觉醒来，我们会第一时间计算昨晚睡了几个小时，再看白天能有多少精力和多大效率。但日本人睡觉就是因为喜欢，只要条件允许，他们就会高高兴兴地去睡。

同样，他们也能毫不吝啬地牺牲睡眠。应考的学生往往会通宵达旦地用功，而不会去想良好的睡眠更有助于考试。在军队训练中，睡眠要视训练而定。1934年至1935年曾在日本陆军工作的杜德大尉，在和手岛上尉的一次谈话中曾说，他们"平时演习，部队连续三天两夜行军，除了十分钟小憩时可以打个盹，士兵们基本不能睡。有的士兵会边走边打瞌睡，有一次一个少尉睡着撞到路旁的木堆上，人们都哈哈大笑"。好不容易回到兵营，士兵又被分配去站岗或巡逻，还是不能睡。我问："为什么不让一部分人去休息呢？"上尉回答说："噢，不用，他们都知道怎样睡觉，现在要训练他们的是不睡觉。"这就是日本人的观点。

吃饭也像取暖、睡觉一样，既是享受也是训练。日本人的一大爱好就是在有空时，做很多种菜来品尝，每道菜的分量都很少，但很讲究色香味。但有时，吃饭又强调训练。埃克斯坦用日本一位农民的话说，"快吃快拉是日本人的一种美德"。"人们不认为吃饭是大事……吃饭只是为了维持生命，越快越好。人们总是催孩子尽量快点吃，尤其是男孩，而不像欧洲人那样劝小孩子细嚼慢咽。"在佛教寺院，要叫他们在饭前的祈祷中说食品是良药，意思是那些修行之人吃饭不是为了享受，而是不得不吃。

日本人还认为，强行绝食可以磨炼一个人的意志。像洗冷水澡和不睡觉一样，绝食也表示能够忍受苦难，武士在绝食时都会"口含牙签"。美国人认为营养与体力一一对应，日本人则不这样认为。他们认为，如果经受住了绝食的考验，那么体力非但不会因为热量和维生素的消耗而减少，反而会因为精神的胜利而增加。所以东京电台才会在战时对防空洞内避难的人们宣传"做操能缓解饥饿，还能恢复体力"。

谈一次浪漫的恋爱也是日本的人之常情，虽然这和日本人的婚姻、家庭义务全然相反，但这种现象在日本却很普遍。日本小说里大都是这类题材，而且和法国文学作品一样，书中的主角大都已婚。为情而死是日本人最喜欢阅读和谈论的话题，10世纪的《源氏物语》就是一部优秀的爱情小说，丝毫不逊色于世界上其他国家当时发表的小说。封建时代的大名及武士们的恋爱故事也很浪漫，也常常被作家们写进现代小说。这与中国文学相差很大，中国人很忌讳浪漫的爱情和性事，主要是为了避免人与人之间的纠纷，因此中国家庭也相对平稳和谐。

在这一点上，美国人理解日本人要比理解中国人容易一点，但是这种理解仍然是肤浅的。对于性享受，日本人可不像我们有诸多禁忌，他们不像我们经常大讲伦理道德。他们认为，"性"像其他"人情"一样，只是人的一种简单的生理需要。"人情"又没有罪，因而性享受是不必讲什么伦理道德的。英美人把日本人珍藏的画册看成是淫秽的，认为吉原是悲惨的地方。日本人与西方人接触之初，就对外媒的这种评论很敏感而且很有意见，于是制定了一些法律向西方标准看齐，但是这种文化上的差异是任何法律也消除不了的。

有教养的日本人都知道，一些他们心安理得的行为都被英美人看做是下流的、不道德的行为。但是他们并没有意识到，我们之间是有很大的文化差异的，他们认为"人情不能干涉人生大事"也正是我们难以理解日本人对待恋爱的态度的主要原因。他们总是把夫妻生活和婚外恋情分得很清楚，两边截然不同却都可以公之于众。美国生活则是只有夫妻生活公之于世，情人只能避人耳目。日本人对两者区分得这么清楚，是因为他们知道夫妻生活是尽义务，婚外恋情只是消遣娱乐。这种划分，就让一个人既可以是家庭的模范父亲，又可以是一个寻花问柳的花花公子。美国人认为爱情是我们选择配偶的前提，"相爱"就是结婚最好的理由。如果丈夫在婚后与其他女人发生肉体关系，那是对妻子的侮辱，因为他把理应给妻子的东西给了别人。日本人和美国人不一样，他们不把恋爱和爱情当做一回事。日本人选择配偶时，往往听从父母之命就盲目地结婚了。他与妻子在婚后也常常是循规蹈矩，很和睦的家庭的孩子们也几乎看不到父母之间有亲密行为。正像一个现代日本人在杂志中说的："在我们国家，结婚就是为了生儿育女，传宗接代，其他什么目的都歪曲了结婚的真实含义。"

　　但是，这决不意味着日本的男子只会循规蹈矩地过这种生活，如果有钱他们就会另找情妇。但日本人不会把这个女人带回家，因为这样做会把两种应当分开的生活范围混而为一。他的情妇可能是精通音乐、舞蹈、按摩或其他技艺的艺伎，也可能是妓女，但不管是哪一种人，他都要与女子的雇主签合约，保证他不会抛弃那个女人，还会按契约给女方报酬。他会给她安排新住处，但是如果这个女人有了孩子，男人又希望把这个孩子和自己的孩子一起抚养，他才会把女人接到自己家里来。但进门以后，这个女人只是个佣人，而不是妾。孩子们会称父亲的正妻为"母亲"，却不能跟生母相认。中国那种传统的一夫多妻制显然在日本行不通，日本人对家庭的义务与"人情"分得是清清楚楚的。

　　只有上流阶级才有钱蓄养情妇，多数男子则是时不时跟艺伎或妓女玩玩。这种玩乐完全是公开的，妻子还要为寻欢作乐的丈

167

夫打扮一下，妓院给妻子送账单，妻子也理所当然地照单付款。妻子可能对此不满，但也只能是自寻烦恼。找艺伎比找妓女花钱多得多，与艺伎玩一晚上，只能得到训练有素、衣着入时、举止得体的美女的服务，并不能跟艺伎过夜。如果想要跟艺伎进一步发展，男的就必须先成为艺伎的保护人，再签合约让她当情妇。还有一种情况就是男人魅力足够打动艺伎，艺伎自愿献身。与艺伎度过的夜晚自然不会毫无情色之事，艺伎会展示出与上流社会不同的一面，她的舞蹈、巧妙应答、歌曲和举止都带有传统的挑逗性。这些都是"人情"中的事情，算是对"孝道"的一种解脱。只要把这两个领域划分清楚，人们完全可以去尽情享受。

　　妓女一般都住在烟花巷，男人从艺伎那里出来，如果余兴未尽，还可以再到妓院去。由于进妓院花费少，没钱的人一般都放

图注

　　江户的娱乐场所集中在著名的吉原区，这里相当于一个"城中城"，19世纪时此地共有394座茶楼，153家妓院（俗称"绿屋"），它先后经历了三个世纪，直到1957年才被关闭。图中的妓女相貌美艳衣着奢华，应该是吉原区的高等妓女。

弃艺伎来找妓女。妓院外面都挂有妓女的照片，嫖客们通常毫不避讳地长时间对照片评头论足，然后再挑选。妓女大都是因家境穷困而被迫卖给妓院，身份地位不像艺伎那么高，也不像艺伎那样受过艺术训练。过去，常常是妓女亲自坐在人前，面无表情地任由顾客挑选，后来日本人受到西方人的非议，就用照片代替了。

日本的男人挑定一位妓女，然后与妓院签订合约，那么这个男人就是这个妓女唯一的客人，而这个妓女也就理所当然地成了这个男人的情妇。这种妇女是受合约保护的。但是也有些女侍或女店员会不签约就做男人的情妇，她们通常是通过恋爱与男人结合的，那这种"自愿情妇"就没有保障了。当日本人读到美国的女人被情人抛弃，还生下了孩子的小说或者诗歌时，他们会把女人跟日本的"自愿情妇"相提并论。

同性恋也是日本传统"人情"的一部分，在旧时代的日本，同性恋是武士、僧侣等上层人物公认的一种享乐方式。明治时期，日本为了赢得西洋人的赞许，废除了许多旧习，同性恋也在其中。至今，日本还认为这种习惯是"人情之一"，不用大惊小怪，只要它不妨碍家庭就行。所以，就算有的日本男人自愿当男妓，也不必担心会出现西方人所说的那种男、女同性恋泛滥的情况。听闻美国有成年男子扮演同性恋中被动的那一方时，日本人感到特别吃惊，因为在日本，成年男子一般选择少年为对象，成年男子扮演被动角色实在是有伤自尊。至于什么事情可以做而不伤害自尊，日本人有他们自己的界线，不过他们的界线与我们的不同罢了。

日本的所谓"人情"中，是允许酗酒的，他们认为美国人发誓要禁酒并在地方上投票表决禁酒令简直是奇思怪想。日本人认为，饮酒是一种乐趣，正常的人是不会反对的，而且它只是一种消遣，正常人也不会被它困扰。按照他们的看法，就像不必担心会变成同性恋一样，人们也不必担心会成为醉鬼。事实上，酗酒确实没有成为日本的社会问题。喝酒是一种愉快的消遣，因此，家庭和社会都不会嫌弃醉酒的人。喝醉酒的人不会胡来，也不会打孩子，只是会不拘礼节、纵情歌舞。在城市的酒宴上，人们则喜欢坐在对方的膝盖上。

古板的日本人严格区别饮酒和吃饭，在农村的宴会上，如果谁开始吃饭，就意味着他不再喝酒了，他已经开始另一种活动，他们对这两个"活动"区别得很清楚。日本人在自己家里有时也会饭后饮酒，但绝不会一边饮酒一边吃饭，而是一样一样享受其中的乐趣，先享受一种，再享受另一种。

他们的神也明显兼有善恶两种性质，最著名的神是天照大神的弟弟素盏鸣尊，意思是"迅猛的男神"。他对自己的姐姐极为粗暴，若在西方神话中肯定会把它当成魔鬼。天照大神怀疑素盏鸣尊到自己房间来居心不良，便想把他赶到屋外，但是他却放肆地胡闹，在天照大神在饭厅里举行新仪式的时候，他在大饭厅里乱拉大便，而且他还犯下毁坏稻田的田埂这样的滔天大罪。最过分的也是西方人最不可理解的是，他竟然在天照大神的房间的房顶挖了个窟窿，把"剥皮"的斑驹（即男性生殖器）扔了进去。素盏鸣尊干了这么多坏事，诸神就判了他重刑，把他从天国赶到"黑暗之国"。可是，他还是深受民众喜爱，受到应有的尊敬。这样的神在世界神话中虽不罕见，但在高级

170

的伦理性宗教中，这种神还是要排除在外的，因为把众神划分善恶，明辨黑白是非，更符合宇宙斗争的哲学。

日本人始终不肯正面承认，美德应该包含同恶作斗争。他们的哲学家和宗教家们几百年来一直都认为，日本人的道德已经很高尚了，这种道德规范不适合日本。他们说："中国人的道德规范就是把'仁'提高到前所未有的高度，以仁为标准，人都能发现自己的缺点和不足。"18世纪伟大的神道家本居宣长就曾说："当然，这种道德规范有利于中国人，因为它能约束中国人的劣根性。"近代的佛学家及民族主义者们针对这个问题，也通过著书立说表达自己的意见。他们说，日本人天生性善，值得信赖，没有必要与自己恶的那一面做斗争，只要心灵洁净，能够在各种场合举止得体。即使心灵不小心被玷污了，他们也会快速清除，人性的善会再度散发光芒。日本的佛教比其他国家都更多地宣传凡人皆可成佛，道德规范不在佛经之中，而在自己的顿悟和纯洁的心灵中。恶不是天生的，为什么要怀疑自我心灵呢？《圣经·诗篇》中说："我是在罪孽里生的，在我母亲怀胎的时候就有了罪。"日本人没有这种想法，他们也不相信"人性堕落说"。"人情"是上天所赐的，不管是哲学家还是农民都不应谴责它。

美国人听到这些，似乎会认为这种想法必然会带来自我放纵。但是如前所述，日本人认为履行义务才是人生最重要的事情，他们不否认报恩就要牺牲个人欲望和享乐。他们不理解为什么要把追求幸福当做人生目标，这是不道德的。幸福只是力所能及的情况下的一种消遣，如果把它上升到国家和家庭的判断标准，那简直太不可思议了。他们早就想到，人要履行"忠""孝"

171

和"道义"，就不免要经受苦难。虽然很艰苦，但他们早有思想准备，随时准备放弃自己不认为是坏事的享乐。这需要有坚强的意志，而意志正是日本人最推崇的美德。

日本现代战争电影也有这种传统，凡是看过这些电影的美国人都会觉得，这是最好的反战宣传。这是典型的美国式反应。不管是日俄战争还是中国的事变，电影中都只有牺牲与苦难，军队在泥泞中行进，只能是凄惨沉闷的苦战，胜负未卜的熬煎等等，完全看不到阅兵式、军乐队、舰队演习和巨炮这些鼓舞人心的场面。电影里根本就没有胜利的镜头，也没有高喊"万岁"的冲锋。我们只能看见部队在泥泞中艰难前进，然后在中国小镇过夜，或是祖孙三代参加了三次战争分别成了重残、瘸子。或者是士兵死后，一家人哀悼家里的顶梁柱塌了，但是他们还是会鼓起勇气活下去。日本电影中不会有英美骑兵那种激动人心的场景，也不会讲伤残军人康复的故事，甚至也不会提及战争的目的。所以，这些电影还只是在宣传日本的军国主义。但拍电影的人知道，这些电影是不会激起日本人的反战情绪的，日本观众只要能看到，银幕上的人物时时处处都在尽一切努力报恩就行了。

第十章

进退维谷的道德

日本人的人生观是通过忠、孝、道义、仁、人情等规定体现出来的。他们认为，“人的义务”就像在地图上划分势力范围一样，应该分成若干领域，人生是由“忠的领域”“孝的领域”“道义的领域”“仁的领域”“人情的领域”及其他许多领域组成的，各个领域都各有特别的详细规则。人们评价他人不是从他的整个人格来判断的，而只是看他们“不懂孝”或“不懂义理”等。他们不像美国人那样用“不正派”来批评某人，而是明确地指出他在哪一块儿没做好。他们不会说别人“自私”“冷漠”，而是指出他们在哪个领域违反了什么规则。他们不会用命令和箴言来要求人，那些被认可的行为是按该行为所属的领域而定的。一个人“为了孝”而做事是一种方式，而“为了道义”或者“为了仁义”做事在西欧人看来又会是另一种方式。各个世界的准则也不是一成不变的，情况有了变化就要采取不同的行动。对主君的“道义”就是尽可能地忠诚，但如果主君侮辱其家臣，家臣就算叛乱也不过分。1945 年 8 月以前，“忠”要求日本人哪怕只剩一兵一卒也要抗战到底。天皇广播一宣布投降，“忠”的含义就不一样了，日本人的态度有了 180 度大转变，表示愿与外来者合作。

我们对此迷惑不解，因为我们认为人是随性而行的，我们区分好人和坏人，是看他们是忠贞不二还是背信弃义，是同生共死还是一意孤行。我们把人加以分类，就是希望他们能始终如一。他们不是这种人，就是那种人，要么慷慨大方，要么吝啬小气；要么主动合作，要么疑心深重；要么是保守主义者，要么就是自由主义者，反正他们总占一份。我们希望人既然信仰某种思想，就该反对跟它对立的思想。根据我们在欧洲打仗的经验，战场上有投降派，也有抵抗派，但我们并不信那些所谓的投降派胜利了就会改变立场。事实上，我们没猜错。我们承认，美国内战有新政派与反新政派，但我们肯定就算局势发生变化，这两派也还是会随性而行。如果某一个人改变立场，比如从非教徒变成天主教徒，从"激进派"变成"保守派"等等，他的人格也应该会发生改变。

西方人对统一人格的信仰当然并不一定始终是正确的，但绝对不是幻想。不管是原始的还是文明的文化，大多数人都把自己定位为某一种人。如果他们热衷权力，就以别人对他的服从程度来看有没有成功。如果他想受人爱戴，就必须去接触别人，否则是不会成功的。他们通常会把自己想象成威严公正的人，或是具有艺术家气质的人，或者是一个家庭模范。但他们都有自己的风格，并以此行事来维持生活中的秩序。

西方人难以相信，日本人从一种行为转向另一种行为时，不会感到精神上的痛苦，反正我们是不可能走这种极端的。可是在我们看来，就像我们的人生观要求同一性一样，日本人的人生观中充满了各种矛盾。对西方人尤为重要的是，要认识到日本人所说的生活是不包括"恶的世界"的。这并不是说日本人不承认有恶，而是他们不认为人生就是善与恶的斗争。他们认为人生就是一出戏，在这出戏中，每个领域和每种行为之间要保持平衡，仔细斟酌。每个领域和行为本身都是好的，如果每个人都能随性而行，那么每个人也都是好的。就像前面说的，他们认为中国有道德规范，说明了中国人有劣根性，所以他们需要那种东西。他们说，日本人不需要那种包罗万象的伦理戒律，拿桑塞姆爵士的话来说，就是他们"不想解决恶的问题"。按照他们说的，就算不用那些规则，他们也能解释什么是恶。每个人都有一颗闪着光的心灵，但是就像新刀一样，如果不常打磨也会生锈。他们所说的，这种"自身的锈"也跟刀上的锈一样，不是好东西。因此，人才需要像磨刀那样磨炼自己。这样就算心灵生了锈，只需加以磨炼，就又能闪耀光芒了。

由于日本人抱着这种人生观，西方人通常看不懂他们的神话、小说和戏剧。除非他们也像我们那样加以改写，符合我们对人物性格的统一及善恶冲突的要求。但是，日本人的评论通常是看主人公陷入"道义与人情""忠与孝""道义与义务"之后的矛盾，主人公的失败是因为沉溺于人情而忽视了"道义"，或者是因为忠孝不能两全。他迫于"道义"而不能施行正义，迫于道义而牺牲家庭。这些矛盾是两种义务之间的矛盾，两者都是"善"的。就像面对好几个债主时，他必须选择其一，看先还哪笔债而暂时不理别的，但他还清了一笔债务，并不能因此免除其他债务。

西方人对主人公的解读则完全相反，我们认为故事中的主人公之所以是好人，是因为他选择了善并与恶作斗争，如同我

日本人非常重视"孝"，中国的"二十四孝"在日本很受推崇，图中的浮世绘作品选自歌川国芳《二十四孝童子鉴》，表现的是"扼虎救亲"的故事。故事的主人公名为杨香，晋朝人，据古书记载，杨香十四岁时，与其父杨丰一起去田间劳作，杨香父受老虎袭击，杨香在手无寸铁的情况下与老虎搏斗，老虎终于松口，其父得救。

们所说的"以德取胜"，他肯定会善有善报有个好结局。日本人则喜欢看主人公在无法同时保全社会恩情和名誉时，一死了之。一般在其他文化里，这类故事是教人们要向残酷的命运妥协，在日本则反而是启发人们要有进取心和坚忍的意志。主人公在竭尽全力完成这项义务时忽视了其他义务，但最后他还是会回头去完成另一领域的任务的。

《四十七士物语》是日本真正的民族叙事诗，它虽然在世界文学史上的地位并不高，却能紧紧牵动着日本人的心，它不

第十章　进退维谷的道德

停地重印还被拍成电影，广泛流传。日本的小孩子都知道这个故事大致讲了些什么，有的还熟知其中的细节。四十七士的墓地便成了名胜，成千上万的人前去祭拜，祭拜者留下的名片把墓地都变白了。

在日本人心目中，它描写的是"道义"与"忠"，"道义"与"正义"的冲突，以及"单纯道义"与无限"道义"之间的冲突，《四十七士》主题还表现了对主君的"道义"。这个故事发生在封建制度鼎盛时期的 1703 年，近代日本人说那时的男人都是大丈夫，对"道义"容不得半点含糊，四十七位勇士为了"道义"而牺牲了名声、父亲、妻子、妹妹、正义等等，最后自杀殉"忠"。

按当时的规定，各地大名要定期觐见幕府将军，将军任命了两位大名来做司仪，浅野侯是其中之一。这两位司仪都是从地方来的，不熟悉仪式，所以要向在宫廷里地位较高的大名吉良侯请教。浅野不谙人情世故，而他家最有才智的家臣大石恰巧回老家了，没法帮主君周密安排，浅野没有给言良侯送大礼。而另一位大名的家臣则通晓世故，给吉良侯送了大礼。所以，吉良侯就不好好都指导浅野，故意让他在举行仪式时穿错了服装。浅野侯按照吉良的指示穿戴，举行仪式时才发现自己出丑了，他就气得拔刀砍伤了吉良的前额。从"名分的道义"来说，他因自己受辱而向吉良复仇并没有错，但在将军殿上动武就是不"忠"。浅野侯虽然实现了"名分的道义"，但为了"忠"，他却不得不按规定"切腹"自杀。他回到宅邸换好衣服，做好了切腹的准备，就等着自己最得力的家臣大石回来。两人对视了很久，告别之后，浅野侯就按照规定坐下来切腹自杀了。他因为不忠于将军而备受谴责，死后也没有亲人愿意继承他的家业。于是浅野的封地被没收了，家臣也就成了浪人。

从"道义"上来说，浅野家的家臣要跟随其主君一起切腹。但是浅野侯是为了"名分的道义"而切腹，如果他们因忠于主君的"道义"而切腹，就等于是抗议吉良侯对浅野的侮辱。但是大石心想，切腹是不足以表现他对浅野侯的忠的，主君当时被别人拉开，没能杀了吉良，他更应该做的是杀死吉良，为主君复仇。但这样做就是对将军不忠了。按一般惯例，想复仇的人必须先呈报计划，确定行动日期，如不能如期复仇，就必须放弃。这项规定也让某些人能够幸运地解决"忠"与"道义"的矛盾。但是吉良是幕府的近臣，幕府绝不可能批准浪人报仇的计划。大石明白，这条道路对他和同伴们是行不通的。于是，他就召集了曾是浅野家臣的浪人，但只字不提杀死吉良的计划。这些浪人共有三百多人，根据 1940 年日本学校里讲授这一故事时的说法，他们一致同意切腹自杀。但大石明白，这些人并不都是无条件讲道义的，因而也不能完全信赖他们会愿意报复吉良。为了试探他们，看哪些人只是为了名义上的道义，哪些人是真心实意的，他就向大家提出应该怎样分配主君的财产的问题。在日本人看来，这是一种测验，如果那些人意在主君的财产就不会同意自杀，这样他们的家属就能获得利益。浪人们对财产的分配标准掀起了激烈的争议，管家在家臣中俸禄最高，以他为首的一派主张按原来的俸禄高低分配，他一派则主张平分。其实大石已经看清楚了哪些人只是为了名义上的道义，大石赞成管家的分配方案，就让他们那一派离开了。于是，大管家离开了，但是他也成了大家口中的"败类"、

"无情无义"、无赖。大石终于弄清楚了只有四十七个人立场坚定，可以一起为主君报仇。于是，四十七个人与大石歃血为盟，保证他们一定义字当头，不管是信义、爱情还是"义务"，都不能阻碍他们的复仇之路。

他们首先要做的就是迷惑吉良，不让他察觉。所以他们各奔东西，假装一点都不想争名夺利。大石则经常出入妓院，打架斗殴，根本不顾脸面。他还假借这种掩护，跟妻子离婚。这是日本人惯用的手段，因为他们干的是掉脑袋的事，必须保证妻儿不受牵连。最后，他的妻子忍痛与他分手，他的儿子也入伙当了浪人。

京城里的人当时都猜他们要报仇，尊敬浪人的人们相信他们肯定能报仇成功。可是，四十七浪人绝口不提自己有这种打算，他们假装自己无情无义。他们的岳父被他们的这种可耻行为气坏了，就把他们赶出家门，取消了婚约。朋友们也因此讽刺他们。有一天，大石喝得大醉和女人胡闹时，遇到了自己的好朋友，大石对他的朋友也不提报仇的事，他说："报仇？我才没那么傻。人生就应该尽情享受生活，喝酒玩乐才是最痛快的事。"他朋友不相信，想着把大石的刀拿出来就知道大石有没有说谎了。他从刀鞘抽出刀，以为刀刃一定会闪闪发光，可是，刀已经生锈了。于是朋友才相信大石说的是真话，他生气地在大街上踢了大石几脚，还把唾沫吐在大石身上。

有位浪人为了筹集复仇的资金，竟把自己的妻子卖去当妓女。这个女人的哥哥也是浪人，得知妹妹知道了复仇的秘密，就想杀了妹妹来证明自己的忠心，好让大石同意他参加报仇。另一个浪人杀死了岳父，还有一个浪人把自己的妹妹送进吉良侯家当女仆，来跟他们里应外合，以便确定动手时间。复仇之后她就选择了自杀，因为尽管是伪装侍候吉良，她也必须以死证明自己的清白。

12月14日是个大雪夜，吉良大摆酒宴，卫士们也喝得酩酊大醉。浪人们趁机偷袭一向防守严密的吉良府，杀死警卫后就直接冲进了吉良侯的卧室。但吉良并不在，浪人们摸到被褥还有余温，知道他肯定就藏在府内。终于，他们发现有人蜷在存放木炭的小屋里，一个浪人就拿着长矛隔着墙朝里面刺进去，但是拔出来时矛尖上是没有血的。其实长矛确实刺中了吉良，但吉良在矛头抽回去时用衣袖把污血擦干净了。他的这种小把戏还是被浪人们识破了，在把他拽了出来后，他却说自己只是管家，不是吉良。这时，一个浪人想起浅野侯当时在殿堂上砍伤吉良，他头上肯定留了伤疤，于是浪人们就认出他就是吉良，要他当场切腹。吉良是个胆小鬼，他拒绝了。于是，浪人们用浅野侯切腹时用的刀砍下了吉良的人头，依例把它洗干净，这才算报了仇。他们拿着两度染血的刀和吉良的人头，去墓地祭拜浅野。

浪人们的复仇行动震撼了整个京城，一路上大藩的诸侯对他们盛情款待。曾经怀疑过浪人们的家属们也抢着拥抱这些浪人，向他们致以崇高的敬意。他们来到浅野侯的墓前，不仅供上吉良的人头和那把刀，还读了一份奉告亡君的祷文。那份祷文保存至今，其大意是：

　　四十七士拜上……没为主君复仇之前，我们实在无颜来祭拜主君。我们苦苦谋划，度日如年……今天终于把吉良的人头带来了。这把短刀是主君生前珍爱之物，托付我们保管。希望

图注

　　图中描绘的元禄赤穗事件，是发生在日本江户时代中期元禄年间，赤穗藩家臣47人为主君报仇的事件。

　　元禄十四年阴历三月十四日（公元1701年4月21日），赤穗藩藩主浅野长矩在奉命接待朝廷敕使一事上深觉受到吉良义央的刁难与侮辱，愤而在将军居城江户城的大廊上拔刀杀伤吉良义央。此事件让将军德川纲吉在敕使面前蒙羞，德川纲吉怒不可遏，在尚未深究原因的情况下，当日便命令浅野长矩切腹谢罪并将赤穗废藩，而吉良义央却没有受到任何处分。

　　之后，以大石内藏助为首的赤穗家臣们虽然试图向幕府请愿，以图复藩再兴，但一年过后确定复藩无望，于是元禄十五年阴历十二月十四日（公元1703年1月30日）大石内藏助率领赤穗家臣共47人夜袭吉良宅邸，斩杀吉良义央，将吉良义央的首级供在泉岳寺主君墓前，为主君复仇。事发后虽然舆论皆谓之为忠臣义士，但幕府最后仍决定命令参与此事的赤穗家臣切腹自尽，而吉良家也遭到没收领地及流放的处罚。

主君九泉之下能再用这把刀对付仇人，报仇雪恨。谨祷。

　　他们为"道义"报了仇，但他们还需要尽"忠"。因为他们没有预先呈报就进行了复仇，犯了国法。只有一死才能两全。不过他们并没有背叛"忠"，因为他们会执行"忠"所要求的事情，将军命令四十七士切腹。日本小学五年级的国语课本是这样写的：

　　他们为主君报仇，道义坚定，应为后世景仰……幕府再三考虑，命令他们切腹，真是一举两得。

　　也就是说，浪人们切腹自杀，成全了"道义"和"义务"两项任务。

　　日本这首叙事诗在不同版本中情节略有差异。在现代电影中，故事开始时的贿赂情节改为情色上的纠缠。吉良调戏浅野的妻子，而且对浅野妻子心怀不轨，才故意误导浅野犯错误。虽然去掉了贿赂的情节，而武士为"道义"所做的一切却显得更发人深省。"他们甚至可以为了道义抛妻，弃子，弑父。"

　　其他的故事和电影也常常突出"义务"和"道义"的矛盾，其中最优秀的一部历史电影就发生在德川幕府第三代将军时期。这位将军年纪轻轻就继位了，没什么经验。关于将军的继位人选问题，幕臣们意见不一，有些人想拥立与他年纪相仿的近亲，但是最后失败了。其中的一位大名，一直对此次失败耿耿于怀，一直想伺机谋杀这位长大后很有才干的年轻将军。有一天，他得到通知，将军要带着亲信巡视几个藩国。这个大名抓住了这次机会，想趁机清算宿怨，挽回颜面。他已经事先把自己的住宅打造成一座堡垒，堵住了一切出口，层层封锁。他还想制造房屋倒塌的事故，把将军和他的随从压死。他的阴谋可谓是天衣无缝。他的接待宴席十分隆重，还叫一位家臣为将军舞剑助兴，让他在舞的最高潮时刺杀将军。按照"道义"，武士是不能违抗主君的命令的，但是，"忠"又不允许他刺杀将军。电影中武士的舞姿充分展示了他内心的矛盾：他必须下手又不能下手，他想行刺又不能行刺。尽管他要讲"道义"，但"忠"其实更为重要。渐渐地，他的舞姿乱了，将军和随从就生了疑心，想赶紧离开。大名一急之下就下令毁坏房屋。将军虽然躲过了武士的剑，但却可能被墙压倒。就在这时，舞剑的武士跑过去带将军他们从地道安全地脱险了。"忠"最终还是战胜了"道义"。将军派人向舞剑者表示谢意，并再三劝他去京城为将军效力，那位武士却回头看着快要塌下来的房子说："不，我要留在这儿。这是我的使命。"说完后，他就不顾将军等人的劝说，跳进塌下来的房子里死了。"他用死兼顾了忠和道义。"

古代故事并没有以义务与"人情"的冲突作为中心，但近代却成了首要的主题。近代小说这种题材不仅没有被冲淡，反而被极力渲染，通常写主人公为了"义务"和"道义"，不得不抛弃爱情和人情。就像我们认为日本的战争影片是很好的反战宣传一样，我们也往往觉得这些小说是要人们追求自由，按照自己的意志生活。而这些小说确实证明了这种倾向，但日本人讨论这些小说或电影的情节时，却往往不这么认为。我们同情主人公是因为他有爱情、有理想，他们却批评这种人是弱者，太重感情，不能为了"道义"而牺牲。西方人大都认为强者要反对陈规，克服一切困难去争取幸福。而日本人则认为，强者应该为了道义抛弃个人幸福。他们认为，一个人的坚强不在于反抗而在于服从。因此，西方人对日本小说和电影的理解肯定跟日本人想表达的不一样。

日本人也用同样的标准评价自己或周围熟人的生活，他们认为，如果个人欲望与义务发生冲突，迷恋欲望的肯定是弱者。他们对任何事情都是这样判断的，最典型的例子就是丈夫对妻子的态度，这一点与西方的伦理道德是极不相同的。日本人的"孝"是以父母为中心的，妻子只处于边缘地位。因此丈夫的责任很明显，如果母亲要他与妻子离婚，作为一个严守"孝道"的高尚的人，他就得同意离婚。就算他很爱妻子，就算两人已经有了孩子，他也得离婚，因为只有这样他才能算是一个强者。日本人有句话："孝道有时要把妻子视同路人。"在这种情况下，他对妻子充其量也就是为了"仁"，即使夫妻生活很幸福，妻子也成不了他的中心。因此，让一个人把夫妻感情等同于对父母和祖国的感情是绝对不可能的。最坏的情况则是，妻子在这个家毫无发言权。20 世纪 30 年代，有一个杰出的自由主义者公开说，他很高兴回到日本与妻子重逢。为此他饱受批评，人们认为他应该说开心是因为见到了父母，看到了富士山或者是能为日本做贡献，妻子跟这些是不能相提并论的。

近代以后，日本人也对这种严格区分不同的道德准则的行为渐渐不满。日本现在的教育更多的是想把"忠"提到道德的最高位置，他们努力简化义务体系，把低层次的德行全部置于

"忠"的范畴之下。这种做法就跟政治家废除将军及诸侯，把天皇置于顶点的简化等级制的做法一样。通过简化义务体系，他们希望把全国道德统一于"天皇崇拜"之下，减少道德的分散状态。他们力图教导人们，"忠"就代表着一切，他们要让忠不再只是一小部分，而是成为道德的支柱。

明治天皇于1882年颁布的《军人敕谕》就对这种简化义务体系的设想做了权威的说明，这份敕谕连同《教育敕语》是日本的圣典。日本的宗教都没有圣典，神道没有经典，日本的佛教常常把从佛经中悟出来的佛理，或者"南无阿弥陀佛""南无妙法莲华经"之类的咒语用来代替圣典。而明治天皇的敕谕和敕语才是真正的圣典。宣读圣典之时，听众毕恭毕敬，鸦雀无声，整个场面庄严肃穆，就好像在听摩西十诫和圣经旧约一样。每次捧读圣典都要恭恭敬敬地把它取出来，宣读完毕再恭恭敬敬地送回去，宣读圣典的人念错一句都要引咎自杀。军人敕谕主要是针对现役军人的，他们要逐字背诵，每天早晨还要默念十分钟。遇到祭祀日、新兵入伍、老兵退伍或其他重要的日子，都要在军人面前隆重宣读，就连中学生和大学生也都要学习《军人敕谕》。

《军人敕谕》长达数页，纲目分明，文字严谨。敕谕把善与德当做真正的目标，西方人也能理解这种解释方式，但总觉得里面自相矛盾。敕谕对人们说，不要重蹈古代死得并不光彩的英雄的覆辙，因为他们"罔知公道之理，徒守私情之义"。这是日本官方的正式译文，虽没有逐字翻译，但最能表达原意。《敕谕》接着又说了"此类事例，汝等宜深戒之"。

如果不了解日本人各种义务各有划分这一情况，就会不理

186

解这里所说的"戒之"是什么意义。敕谕中一次也没有出现过日本人常说的"道义"，而强调有"大节""小节"之分。官方在尽量贬低"道义"，想要提高"忠"的地位。所谓"大节"就是"忠"，"小节"就是"徒守私情之义"。敕谕极力证明，"大节"是一切道德的根本，"义"就是指履行"义务"。尽"忠"的军人必然有"真正的大勇"，"真正的大勇"就是"平日温和待人，希望受人爱戴"。敕谕暗示：只要遵从这些教导，就不必顾及"道义"。"义务"以外的种种责任被称为"小节"，一个人在承担这些责任时必须要慎重考虑。

敕谕中说："如欲守诺言（在私人关系上）而（又）欲尽义务……则自始即应重考虑是否可行。如以己身束缚于不智之义，则将陷自身于两难。如确信不能既守诺言又坚持义（敕谕把'义'规定为'履行义务'），则应即放弃（私人的）诺言。古来英雄豪杰，惨遭不幸，或竟身死名裂，遗羞后世，其例益不鲜矣，皆因唯知信守小节，而不辨大义，或因阁知公道之理，徒守私情之义也。"

正如前文所说，这段文字谆谆教导人们"忠"高于"道义"，全文不提"道义"一词。但是日本人都知道有"为了道义，我不能行义"这种说法，敕谕中却改成："如确信不能既守诺言。而又坚持义……"敕谕以天皇权威的口吻说：在这种情况下，要抛弃"道义"。要记住：道义只是小节。只有遵循敕论的教导，维护"大节"，抛弃"道义"，才能做一个有德之人。

这份颂扬"忠"的圣典是日本的基本文件之一，但是我们还是很难说清敕谕故意贬抑"道义"，能不能真正地削弱"道

187

义"的深刻影响。日本人常常拿敕谕的话来为自己或他人的行为辩解，特别是"义者，履行义务之谓也"，"心诚则万事皆成"这些话。他们虽然用这些话用得恰到好处，但却似乎很少提到"反对信守私人诺言"这类告诫。"道义"至今也依然很有权威，在日本，如果说某人"不懂道义"，依然是最严厉的批评。

引进一个"大节"的概念并不能轻易简化日本的伦理体系，正像他们自己常常说的，日本人没有一种现成的准则能作为善行通用标准。大多数文化中，人们都是把善良、节俭和事业上的成功等等当做衡量个人道德的标准，他们常常会提出某些东西作为追求的目标，如幸福、对他人的控制、自由、社会活动能力等。日本人遵循的准则就比较特殊，他们仍然主张各种规则相互独立。西方人一般认为，"大节"就是对忠诚的忠诚，而不是对某一个人或某一件事的忠诚。日本人则不是如此，不管是在封建时代还是在《军人敕谕》中，他们提到的"大节"，也只是说对上层的义务要高于对下层的义务。

近代日本人则常常把"诚"当做建立新统治时的道德标准，大隈伯爵在论及日本的伦理时说，"'诚'是所有道德准则的基础，是最重要的箴言。我国古代词汇，也只有'诚'这个词能更准确地表达伦理概念了。"在本世纪初，日本的近代小说家曾高度赞美西方的个人主义新思潮，现在渐渐开始不满了，他们开始赞美诚是唯一的"道义"。

《军人敕谕》也在道德方面强调"诚"，敕谕有一段描述历史的序，相当于美国文件中列举了华盛顿、杰斐逊等名字的序。敕谕中的这段话最精彩的部分就是对"恩"和"忠"的阐述。"朕

188

赖汝等为股肱,汝等仰朕为首领。朕能否保护国家以报上天之恩,报祖宗之恩,端赖汝等恪尽其职。"

其后又阐述了五条训诫。（一）最高的德就是尽"忠"。军人如果不"忠",他再有才也只是傀儡。不"忠"的军队,遇到突发事件就会成为乌合之众。"故不可惑于横议,不可干预政治,务求保持忠节,牢记义重于山,死轻于鸿毛。"（二）按照军阶遵守礼仪。"下级应视上级军官之命令如朕意,上级军官亦必须善待下级。"（三）要勇武。真正的勇武应该是"不轻小敌,不惧强敌"。而不是简单的匹夫之勇,"故尚武者,与人交往应以温和为先,以资得人敬爱"。（四）告诫人们"勿守私情信义"。（五）劝导节俭。"大凡不以质朴为旨者,必流于文弱,趋于轻薄,崇尚骄奢,终致卑鄙自私,堕落至极。虽有节操、武勇,亦难免被世人唾弃……朕心忧此恶习,故而谆谆诫之。"

敕谕的最后一段把上面的五条训诫称作"天地之公道,人伦之纲常",乃"我军人之精神"。这五条训诫的核心精神就是"诚"。"心不诚则嘉言善行徒为文饰,毫无效用;唯有心诚则万事可成。"五条训诫就是这样"易守易行"。敕谕列举了一切道德和义务,把它们归纳为"诚"。这带着浓厚的日本特色,中国人认为道德都应该出自仁爱之心,他们则先确立义务准则,最后才要求人们全心全意履行义务。

佛教禅宗的教义中的"诚"也大致是这个意思。铃木大拙曾在一本论禅的书中举了一个师徒问答的例子:

"僧问:'吾视猛狮袭敌,不问其为兔为象,皆全力以赴,

请问此力何物？'

　　"师答：'至诚之力是也。'（字面意义是'不欺之力'）至诚即不欺，亦即'献出一切'。禅语谓之'全体作用'，即不留一物，毫无矫饰，绝不虚费。如此生活者可称作金毛狮，乃刚勇、至诚、至纯之象征，神之人也。"

　　我顺便提一下日本人的"诚"的特殊含义，它的含义比英语中的"诚"更广泛，但也更狭隘。西方人刚开始接触这个词，一般都会觉得它的用法要比英语中的"诚"少得多。这种看法是有道理的，日本人说某人"诚实"，并不一定是说他做所有事情都是从内心出发，根据自己的爱憎、决断或怀疑而行动。他们说某人没有诚意，其实只是指那个人跟他意见不同。美国人在表示赞许时常说"他很高兴见到我"或"他打心眼儿里满意"，日本人的说法则大不相同。他们习惯用一系列话来表达对这种"坦诚"的不满，他们嘲笑说："你看，青蛙一张嘴，就露馅了"，"就像石榴，一剥皮就知道它里面

图注

　　铃木大拙，本名贞太郎，别号也风流居士。1911年前往英国，介绍佛教禅学。1921年任大谷大学教授。1933年将《楞伽经》译成英语。1934年访问中国，与胡适有论战。有"世界禅者"之誉。主要思想主张包括"自己做主"，与传统的佛教要求"解脱"有明显的差异。

有什么"。他们认为"暴露感情"是可耻的，因为那会"暴露"自己。美国非常重视"诚"的一系列含义，但它在日本则毫无地位。我前面讲到，一个日本少年批评美国传教士"不诚"时，他也没有想过美国人对这个穷孩子要去美国的计划感到吃惊，是不是真心的。近十年来日本的政治家经常批评美英没有诚意，他们并没有想过，西方各国是不是确实在按照自己的真实感受办事。他们并不指责美英虚伪，因为他们觉得说他们虚伪太轻了。同时，《军人敕谕》说："诚乃诸项训诫之精神"，这句话并不是说，"至德"在于一切行为都是言行一致，发自肺腑。实际上不管他自己的信念与别人如何不同，它都不要求人们必须真实。

但是，"诚"在日本也是有他自身的积极含义的，日本人那么重视"诚"的伦理作用，那西方人就有必要去了解日本人用这个词是什么意思。《四十七士物语》充分体现了"诚"的基本含义，那个故事中的"诚"是"道义"的附加品。"真诚的道义"跟"单纯的道义"是有区别的，它是"值得被后世景仰的道义"。日本人至今还说："是诚使它保持下去。"根据文意来看，这句话中的"它"是指日本的所有道德规范或"日本精神"所要求的一切。

战争期间，日本人的隔离收容所用这个词与《四十七士物语》要表达的意思是一致的。它清楚地表明，"诚"的逻辑可以延伸得多远，他的含义与美国的用法不同在什么地方。亲日的"第一代移民"（生在日本，移居美国者）一般会批评亲美的"第二代移民"（生在美国的第二代日本移民），说他们缺乏"诚"。

191

"第一代移民"的意思是"第二代移民"没有坚持"日本精神"（战时日本曾公开为"日本精神"下定义）。他们的这种批评绝不是说他们的孩子亲美了就是虚伪，恰恰相反，"第二代移民"在美国自愿入伍，发自内心支持美国，"第一代移民"则会更严厉地批评"第二代移民""不真诚"。

日本人的"诚"这个词的基本含义，是指真心遵循日本道德规范，走"日本精神"所指的路。不管"诚"这个词在特定语境中有多少特殊含义，一般都能理解为它在赞扬某种公认的"日本精神"或者日本道德规范。一旦我们接受了"诚"跟美国人的含义不同，那它出现在任何日本文献都非常值。因为它基本等同于日本人强调的各种正面行为。日本人伦理上很讨厌谋利，利润是剥削的恶果，所以他们长用"诚"这个词赞扬不求私利的人。从中谋利的中介人会被当成讨厌的高利贷者，这种人常被指责为"不诚"。人们也常用"诚"来颂扬人不感情用事，这正好反映了日本人的自律观念。一个"诚实"的日本人决不会冒险去伤害一个无意挑衅的人，这也反映了人们既要考虑事情本身，又要考虑后果的信条。最后，日本人认为只有"诚实"的人才能做领导，才能不纠结于内心冲突，有效地行事。这三点含义及其更多的含义都能表现出日本人伦理的同质性，即遵循道德准则才能摆脱矛盾和冲突，有所作为。

日本人的"诚"有这么多的含义，就算敕谕及大隈伯爵极力推崇，它也未能简化日本人的道德体系。它既不能构成日本的道德"基础"，也没有赋予道德以"灵魂"。它是一个指数，恰当地放在任何一个数后面，都会扩大这个数字的倍数。比如

a^2可以是 9 的二次方，也可以是 159 或 b 或 x 的二次方。"诚"也是这样，它可以把日本任何一条道德提得更高。可见，它并不是独立的道德，而是某些宗教狂热者对其教义的狂热追求。

不管日本人怎样努力，日本的道德体系仍然分散无序。道德规范仍然是这个和那个之间保持平衡，但各自为善。他们的道德体系就像桥牌一样，优秀选手遵守规则，他就能在规定范围内获胜。他不同于低级选手的是，他接受过推理的训练，能够利用足够的知识猜出对手出牌的用意，再打出自己的牌。用我们的话来说，他是按霍伊尔规则比赛的，每出一张牌都会考虑许多细节。如果比赛规则和记分办法都是规定好的，那也就考虑到了一切偶然性，美国人说的内心善意反而无关紧要了。

不论是哪种语言，我们都能通过人们表达丧失或者获得自尊的词句，来了解他们的人生观。日本人说的"自重"的意思是"自我慎重"，是指他自己比较谨慎，要考虑诸多因素，免得被人讥笑或者错失成功的机会。而英语中的"自重"常常是指要发自内心地遵循人情世故，不谄媚、不撒谎、不作伪证。日本"自重"的含义常常跟美国人所指的行为恰好相反。日本雇员说"我当自重"并不是指必须维护自己的权利，而是绝不要对雇主讲任何惹麻烦上身的话。政治上的"你应该自重"意思是"身负重任的人"必须谨慎，不能随意谈论"危险思想"。而美国的"自重"是指就算有危险思想，仍要发自内心，用良心来思考。

父母训斥子女经常把"你应该自重"挂在嘴上，他是要子女察言观色，不辜负别人的希望。例如，女孩子要坐有坐姿，不能随便乱动，双腿位置要摆正。男孩子则要训练自己，学会

193

察言观色，"因为每一个今天都会决定你的未来。"父亲常对孩子说"你看起来一点儿也不自重"，这是怪孩子行为不端，而不是说他缺乏勇气做自己认为对的事情。

还不起债的农民对债主说"我应该自重"，这话并不是怪责自己懒惰，或怪自己对债主点头哈腰，而是说他应该考虑周到，做好应急之需。有身份的人说："我的自尊心要求我这样"，这并不是说他必须坚持原则，要清正廉洁，而是说他在处理事情时，要充分顾及到自己和家庭的身份，要视情况而定。

企业家谈到他的公司时说"我们必须自重"，意思是说必须慎重再慎重，小心再小心。要报仇的人说"复仇要自重"，这句话的意思并不是"以德报怨"或者打算遵守什么道德原则，而是说他必须计划周详，考虑周到，也就是说"我一定要彻底复仇"。日语的最强烈的语气是"自重再自重"，意思是要万分小心，考虑周到，不要轻易下结论。它还意味着，必须权衡利弊，用对方法，用力恰到好处，才能成功。

日本人的人生观基本包含了上面"自重"的所有含义，即人生应该小心谨慎，按"霍伊尔"规则办事。正是由于他们对自重做了上述的定义，因而不允许用"出发点是好的"当做失败的借口。他们的举手投足都会有影响，人们一定要"三思而后行"。施恩于人是好事，但一定要谨慎，必须顾及到受恩的人会不会觉得这是"背上了人情债"。批评人是可以的，但必须做好被人怨恨的准备。那位美国传教士就是没有考虑过后果，尽管是善意地笑那个日本年轻人，但日本人认为那很没修养，所以年轻人依然会怪他。

把谨慎完全等同于自重，就要细心观察别人行动中的蛛丝马迹，还得能强烈地意识到别人是在评论自己。他们说"因为有社会，人才要自重"，"如果没有社会，就不用自重"等等。这些极端的说法认为自重是迫于外部的压力，根本不考虑正确的行为是要内省的。但许多国家的俗话的说法未免夸张了，因为，日本人有时也像清教徒一样，能强烈意识到自己罪孽深重。尽管如此，上述极端的说法仍然指明了日本的重点：说他们重视罪，倒不如说他们更重视耻。

在人类学对各种文化的研究中，其中一项重要工作就是区别文化是以耻为主还是以罪为主。"罪感文化"提倡建立道德的绝对标准，并且靠它发展人的良心。不过，这种社会的人，例如美国人做了还称不上罪的错事后，也会感到内疚而有羞耻感。他们有时因衣着不得体或者说错了话，而感到懊恼。在以耻为主的文化中，人们会对那些我们认为的犯罪行为感到懊恼。这种懊恼可能非常强烈，犯了罪的人可以通过忏悔罪行而减少自责，但他却不能通过忏悔、赎罪而解脱。忏悔现在已运用于世俗心理疗法甚至宗教团体，尽管这两者几乎没什么共同之处。我们知道，忏悔可以解脱，但在以耻为主的地方，有些人即使当众认错、甚至向神父忏悔，也不会得到解脱。他反而会觉得只要恶行没被公之于众就不必懊悔，忏悔反而是自寻烦恼。因此，耻感文化中没有坦白忏悔的习惯，甚至也没有向上帝忏悔。他们有祈福仪式，却没有赎罪仪式。

真正的耻感文化是依靠外部约束来行善的，真正的罪感文化则是靠内心的知罪行善的。羞耻是对别人批评的反应，一个人感到羞耻，不管是因为他当众被嘲笑、排斥，或者是他觉得自己被嘲笑，如果有外人在场，或至少感觉到有外人在场，羞耻感对他就有约束力。罪恶感则不是这样。有的国家所谓的名誉就是要按照自己心目中的理想过自己的日子，即使没人发现他们的恶行，他们自己也会有罪恶感，并且确实可以通过忏悔来解脱自己。

早期移居美国的清教徒也想努力把一切道德置于罪恶感的基础之上，所有的精神病专家都清楚地知道，现代美国人其实一直为良心所苦恼。美国人的耻辱感正在增强，罪恶感则不再强烈。美国人认为这是道德的松弛。这种解释虽然很有道理，但这是因为我们不认为耻辱感能成为道德的基础，也不把随之而来的个人强烈的恨意纳入我们的基本道德体系。

而日本人是把耻辱感纳入道德体系的，他们常说"知耻为德行之本"。他们认为不遵守明确规定的善行标准，就不能平衡各种义务或者不能预见到偶然性的失误，这些都是耻辱的。他们把"知耻之人"翻译成"有德之人"或"重名之人"，知耻之人就会遵循一切善行标准。日本伦理中的"耻感"就同西方伦理中的"纯洁良心""笃信上帝""避免犯罪"一样，具有很高的权威，所以他们由此得出了人死之后就不会受惩罚的结论。除了读过印度经典的僧侣和少数皈依基督教的人，大多日本人对今生有好报是前生修来的福气这样的轮回观念是很陌生的，他们也不承认死后有报应及天堂地狱之说。

与其他以耻为主的部落或民族一样，耻感在日本人生活中也很重要，他们都很在意社会对自己所作所为的评价。他只需要推测别人作出的判断，再根据别人的判断而调整行动。日本人很乐于参加每个人都遵循同样规则并相互支援的游戏，他们会狂热地参加这种所谓能履行日本"使命"的活动。他们想把自己的道德强加给不接受日本的行善标准的国家，那些国家肯定是要反对的，日本也因此会受到打击。他们所谓"善意"的"大东亚"计划泡汤了，所以许多日本人对中国人和菲律宾人的态度感到很生气。

　　那些来美国求学或经商的日本人，并不受民族感情影响。他们在道德标准不那么严格的美国生活时，就会觉得过去接受的日本教育是多么的失败。他们觉得，把日本的道德强加给别人是不可能的，是无法顺利输出的，接受文化改变对每个人来说都很难，其实他们想说的远不止这些。日本人适应美国生活要比他们所熟知的中国人、暹罗人适应的难得多，因为他们从小就生活在安全感中，只要一切按规矩行事，就会得到别人的承认，但看到外国人根本就无视礼节后，就不知所措，无所适从了。他们极力想从西方人的生活找到与日本人类似的细节，找不到时，他们就会生气或震惊。

　　三岛女士在她的自传《我的狭岛祖国》中，成功讲述了她在宽松开放的文化中的体验。她一直渴望到美国留学，终于说服了她的家人们抛弃保守的"不愿受恩"的思想，才能接受美国奖学金进入了卫斯理学院。她说，老师学生对她都特别亲近，她却很不安。"日本人是以品行无缺点而自豪的，但是我的自豪感在这里却受到了严重伤害，周围的一切似乎在笑我以前接受的教育，我简直不知道如何是好。对此，除了日本教会我的恼怒，我不知道该怎么办。"她觉得自己"就像是个外星人，原来的感觉和情绪在这里都用不上。日本的教育要求我们要文

197

静，每句话都要合乎礼节，我对这里的环境很敏感，也很小心，所以根本就不知道该怎么跟人交往"。她花了两三年的时间才放松神经，慢慢接受别人的友好。她认为美国人的生活有一种"优雅的亲密"，但是她三岁的时候家人就教育她亲密是不礼貌的。

三岛女士说美国生活对中日两国姑娘的影响很不一样，中国姑娘"那种沉稳的风度和社交能力是大多数日本姑娘所没有的，在我看来，她们是世界上最文雅的人，仪态大方高贵，就好像她们才是这里的主人。即使是在高度工业化与高度文明的美国，她们也保持恬静和沉着，这与我们日本姑娘的怯懦、拘谨相比，简直是一个天上一个地下，这充分说明了中日社会背景的根本差异"。

三岛女士也像许多其他日本人一样，觉得自己就好像网球名将去参加棒球游戏，出色的才艺根本没有用武之地。她觉得过去学的东西、所受的训练完全没用了，也不能带到美国来，因为美国人根本用不着那些东西。

一旦日本人接受了美国那种不繁琐的行为规则，哪怕只接受了一点，他们也不可能回去过日本那种循规蹈矩的生活了。他们说过去的生活就是"失乐园"、"桎梏"甚至是"牢笼"，有时又说成是盆栽的小树。他们最直接地经历了日本道德的困境。如果这棵小树栽在花盆里，它就是一件艺术品，可以为花园增添雅趣，一旦移植到地上，它就不再是盆栽了。他们说自己再做不成日本的点缀，也适应不了以前的环境了。

第十一章

自我修养

在外国观察者看来，文化的自我修养似乎没有什么意义。尤其是对那些在本国从不学习修养方法的观察者来说，到了高度信赖修养方法的国家之后，就最容易产生误解。他们会问，修养方法本身已经很明确了，为什么还要如此折腾自己？为什么要把自己吊在钩子上？为什么要气运丹田？为什么对自己这么苛刻，一毛不拔？为什么只注重修行一种功课，而不克制那些本应该训练的某些冲动呢？

美国的自我修养的方法和传统相对来说很不发达，他们认为一个人若已经选定了目标，他就会在必要时锻炼自己朝着目标努力，而锻炼与否要取决于他的理想、良心或维伯伦所谓的"职业本能"。为了当足球运动员，他要忍受严格的纪律；为了成为一个音乐家或成功的企业家，他可以放弃一切娱乐活动；为了良心，他也会拒绝一切邪恶和轻浮的举动。

但在美国，自我修养不像算术是一门专业性知识，可以完全脱离实际地学习。如果说美国真有这种修行的话，那就是欧洲某些宗教领袖或传授修炼方法的印度教牧师教的，基督教的圣特丽萨或圣胡安传授的冥想和祈祷等宗教性修行，在美国几乎已经销声匿迹了。

但是日本人却认为，不管是参加中学考试的少年、参加剑术比赛的人，还是贵族，都要在学习完应付考试的内容之外，进行自我修养。不管他成绩多好，剑术多高超，也不管他礼数多周全，他都必须放下书、竹刀或社交去修行。当然，并不是所有的日本人都要修行的，各阶层的日本人判断自己和他人时，有他们的通行标准和一整套关于自我克制的概念，但是不修行的日本人也同样认为自我修养的术语和实践，在生活中有一定的地位。

自我修养的概念大致可分为两类，一类是能培养能力的，另一类是能学到更多东西的。我把第二类称为"圆熟"。这两者在日本有很大的区别，目标在于产生不同的心理效果，有不同的根据，可以通过不同的外部标志来识别。本书中已叙述了不少第一类型的事例。如那位陆军军官在谈到演习时说，他的士兵平日演习长达六十小时，中间却只有十分钟的小憩，"他们都知道怎样睡觉，现在要训练他们的是不睡觉"。在我们看来，这种要求太过极端，但他们却只是想培养士兵的能力。他讲的其实是日本一种公认的精神驾驭术，即认为意志应当驾驭肉体，因为肉体可以经受一切训练，所以就算肉体受到了损害危及健康也不必不理会。日本人的"人情"理论也都建立在这种观念之上：不管健康允不允许，也不论肉体本身经不经受得住，肉体都必须服从于人生大事。总之，不管付出什么代价，哪怕牺牲自我修养，都要发扬日本精神。

但是，日本人如此表述可能是过于武断了。因为，在美国日常用语中，"不惜任何自我修养的代价"的意思往往是"不惜任

201

何自我牺牲"，而且有"不惜克制自己"之意。美国人的修养理论是，不管是外在修养还是内在修养，也不管修养是外部强加的还是自发性的，人都要从小开始进行修养而融入社会。修养的过程是压抑的，人们对这种愿望受到限制的做法非常认可，他必须作出牺牲，并且不免会被激起反抗情绪。这不仅是许多美国心理专家的观点，也是父母教育子女的哲学，这样来说，心理学家对我国社会作出的分析是确实饱含真理的。孩子到点"必须睡觉"，从父母的态度上就能看出来睡觉是一种自我压抑。很多家庭的孩子已经进行过修养，知道人"必须"睡觉，却仍然要反抗，每晚大吵大闹表示不满。他的母亲还规定他"必须"吃的东西，包括燕麦粥、菠菜、面包、橘子汁等等，但美国孩子却学会了反对那些"必须"吃的东西。他总结出来凡是"对身体好"的食品都不好吃。这是美国的惯例，日本人听都没听过，而且在希腊等某些欧洲国家也看不到。在美国，成年就代表着不用管对身体好不好，可以吃好吃的东西了，也意味着摆脱了食品上的压抑。

但是，与西方人关于自我牺牲的一系列理论相比，这些有关睡眠和食物的观念都微不足道。父母要为孩子牺牲很多，妻子要为丈夫牺牲事业，丈夫要养活一家老小而牺牲自由，这些都是西方人关于牺牲的标准信条。对美国人来说，不需要自我牺牲的社会是不存在的，但实际上确实存在。在这种社会中，人们认为父母疼爱孩子是天性，女人喜欢婚姻多于其他生活，而丈夫也是做他喜欢的工作养活一家人，比如当猎手或花匠等，这怎么算是自我牺牲呢？如果社会作出这种解释，人们按这种解释而生活，那就不存在什么自我牺牲的概念了。

在其他文化中，美国人认为的那些"牺牲"都被看做是相互交换，有的把它当做是投资，以后会得到回报；有的认为别人帮过自己，现在就当是报答。在这类国家，甚至父子关系也是这样的。父亲在儿子年幼时的悉心照顾，儿子会在父亲的晚年和死后偿还。各种商业关系也都是一种民间契约，它往往要求双方对等，一方提供庇护，另一方则提供服务。只要对双方都有利，他们不认为自己是在做出"牺牲"。

在日本，为他人服务是相互的，既要求对收到等量偿还的东西，也要求在等级关系上彼此承担义务。因此，自我牺牲的道德观所处的地位与在美国的地位截然不同。日本人总是特别反对基督教传教士关于自我牺牲的说教，他们主张有德之人不该觉得为别人服务就是压抑自己。有个日本人告诉我："你们

图注

在这幅反映日本人家庭生活的浮世绘作品中，我们可以清楚地看出，在男人用餐的时候，女人则在一旁负责添饭、照顾幼儿。然而日本女人的地位低下与中国的重男轻女还是有着很大的不同的。

称为自我牺牲的事，我们认为那样做没什么，不觉得遗憾。不管我们为别人做了多大牺牲，我们也不觉得这是提高我们的精神境界，也不觉得应当得到回报，我们是自愿做的。"日本人把复杂详细的义务作为生活的核心，当然不认为里面有什么"自我牺牲"。他们要求自己履行极端的义务，但传统的相互义务的约束力，又阻碍了他们产生"自我怜悯"和"自以为是"的感情，其实这种感情在个人主义感强烈的国家中是极易出现的。

因此，为了理解日本自我修养的习惯，就必须把我们的"自我修养"的概念周围的"自我牺牲"和"压抑"的累赘消除掉。在日本，一个人要想成为出色的运动员就必须进行自我修养，就像打桥牌一样，他们不会意识到这是在"牺牲"。修养过程本来就该很严格，刚生下来的婴儿虽然很"幸福"，却无法"体验人生"。只有经过"自我修养"，他才能充实生活，去"体验人生"。这种说法通常被译作"只有这样，才能享受人生"，修养能锻炼人的意志力，让人生更加开阔。

日本进行"能力"的自我修养，是因为它能改变他为人处世的能力。他们说，人们刚开始修养可能会觉得难以忍受，但慢慢地就会发现并享受其中的乐趣，这种感觉很快就会消失了，否则他就会放弃修养。所以，学徒要好好地做生意，少年要学习"柔道"，媳妇要学会满足婆婆的要求。当然，刚开始修养的人可能不习惯新要求，就想避开这种修养，这是可以理解的。但父亲会对他们说："你希望的是什么？要体会人生，就必须进行一些修养，如果放弃修养，你今后肯定会后悔的。如果真的出现这样的事，你被人说三道四，我才不会管你。"用他们的话说，修养可

204

以磨掉人"身上的锈"，会如人所愿地把他变成一把锋利的刀。

日本人如此强调自我修养的好处，但是他们的道德规范所时常要求的极端行为也真正压抑着人们，这种压抑还可能会引起人们的反抗。美国人在游戏和体育运动中就能体会到这种区别，桥牌选手为了打好牌，绝不会抱怨为此做出的牺牲，也不认为自己为了成为桥牌名手而花费大量时间是一种"压抑"。但是，医生说，桥牌选手在下大注赌钱或想当冠军时，他们的精神高度集中也可能跟胃溃疡及身体过度紧绷有关。日本也有过同样的事情，不过由于日本人受到相互义务观念的约束，他们坚信自我修养是有利的，因此更能接受那些美国人难以忍受的行为。与美国人相比，他们被修养得更加注意自己"身上的锈"，他们更加注意能力，而且不为自己找借口，也不会经常把生活的不满推给别人，更不会由于没有得到所谓的普遍幸福而自哀自怜。

"圆熟"比培养"能力"境界更高，但日本人的有关著作没有解释清楚这种修养方法，专门从事这项研究的西方学者也往往不太重视它，还把称它为"怪癖"。一位法国学者的作品中认为"圆熟"完全是"没有常识"，最讲究修养的禅宗更是"一派胡言"。可是，日本人想以这种修养方法达到一定的目标是可以理解的，而且研究这个问题也能让我们弄清楚日本人的精神驾驭术到底是怎么回事。

日语中有很多表达自我修养达到"圆熟"的词汇，意思一般是一样的，但有些用于演员，有些用于宗教信徒，有些用于剑术家，有些用于演说家、画家以及茶道宗师。我就举其中一个例子，上流阶层中很流行禅宗用语"无我"。不管它是世俗的经验，还是宗教的经验，所表达的"圆熟"境界都是指意志与行动之间没有了阻碍，就好像电流从阳极直接导入阴极一样。没有达到"圆熟"的人，在意志与行动之间就好像有一块绝缘体，日本人把这个绝缘体称作"观我"或"妨我"。经过修行，"圆熟"者就会消除这种障碍，像电流无需用力就可以自由流动一样，他完全意识不到"我在做什么"。这种境界就是"专注"，行为与行为者内心所想象的样子已经达到了高度统一。

在日本，就算是普通人也要努力达到这种"圆熟"境界。英国佛教研究权威查尔斯·埃利奥特爵士谈及一位女学生时说：

"她来到东京找到了一位著名的传教士，要入基督教。传教士问她为什么，她说是想乘飞机。问她飞机与基督教有什么联系，她说，她听说坐飞机要非常镇静，临危不乱，她认为基督教是最好的宗教，可以帮她做到，因此才来求教。"

日本人不仅把基督教和飞机相联系起来，他们还把"镇静、遇事沉着"跟考试、讲演、政治都联系起来。在他们看来，培养专注的精神对任何事业都很有好处，这是毋庸置疑的。

虽然，很多文化都注重这种修养，但日本人的目标和修养方法显然是更独特的。更有趣的是，日本的很多修养术是来自印度瑜伽派的，比如自我催眠、全神贯注及驾驭五官的方法与印度修行有着不可分割的亲缘关系。日本也重视"虚空"和"体静"，或者一遍一遍重复同一句话，或者专注于某一选定目标，甚至也使用印度的术语。但是，除了这些表面上的共同点，日本的修养术与印度几乎没有共同之处。

印度的瑜伽是度崇拜禁欲苦行的，他们认为这样可以让他们获得涅槃，除此之外没有解脱之道。而涅槃最大的障碍就是人欲，只有通过饥饿、受辱、自苦，才能灭掉人欲，才可以超凡入圣，获得灵性，达到神人合一。由此可见，瑜伽修行可以帮人摒弃人欲、脱离无边苦海，又可以让人掌握灵力。越是极度苦行，就越能早日达到彼岸，完成涅槃。

但日本人不崇尚这些，尽管他们信仰佛教，但他们的信仰里并不包括轮回和涅槃。虽有少数僧人接受这种教义，但对民间思想和习俗不会有什么影响。日本人不会把鸟兽鱼虫当做人的转世而不准杀生，葬仪及诞生礼也不受轮回思想的影响。除了轮回，涅槃也不是日本的思想方式，它不仅对一般民众毫无意义，僧人也对涅槃进行了加工，实质已经不复存在了。道行高深的僧侣们认定，顿"悟"之人已达到涅槃，他此时此地在松树和野鸟中也能看见"涅槃"。日本人对冥界的空想不感兴趣，他们的神话讲述的是神的故事，跟死人无关，因此甚至排斥佛教死后的因果报应。他们认为，人死后都能成佛，哪怕他只是个不起眼的农民。没有第二个佛教国家会像他们一样，把家里供奉在神龛的祖宗牌位就叫做"佛"。他们如此尊崇一个普通的死人，那我们就能理解他们为什么不会追求涅槃这么难的目标了。既然干什么都能成佛，那就不必让众生受苦追求涅槃了。

瑜伽是消除欲望的方法，而没有肉体就没有欲望。但是，日本不认为肉体与精神势不两立，他们认为"人情"并非恶魔，享受感官乐趣是生活智慧的一部分，可能唯一需要的就是感官享受必须为人生大事做出牺牲。从日本人对瑜伽术的态度上可以看出，这个信条已达到其逻辑的极限：他们不仅排斥一切苦行，而且日本的这个教派也不禁欲。避世隐居的"悟者"虽然被称为"隐士"，但一般还是与妻子儿女住在山明水秀的地方，过着安逸的生活。在他们那里，娶妻生子与超凡入圣并不矛盾，佛教的僧侣完全可以娶妻生子。日本从不认为精神与肉体势不两立，"悟者"入圣是因为他们的自我修行和生活简朴，而不在于破衣烂衫、弃绝声色。日本的圣者可以吟诗、品茶、观花赏月，消遣度日，禅宗甚至叫信徒们避免"三不足"，即衣不足、食不足和睡不足。

　　瑜伽哲学的最终信条是那种神秘的修行可以引领修行者进入忘我境界，达到天人合一。但是日本人也不信这个。虽然原始民族、伊斯兰教阿訇、印度瑜伽修行者或中世纪基督教徒的信仰不同，但只要推行神秘修行的信徒都会说，他们做到了"天人合一"，能体验到那种"不存在人间"的喜悦。日本也有修行，却不是神秘主义的修行。这并不是说他们不能入定，他们也能入定，但是，他们把入定也当做是训练专注的方法，而不把它称作"入定"。其他国家的神秘主义者认为入定时，五官会处于静止状态，禅宗信徒却说入定能让"六官"极度敏感敏锐。第六官存在于人的内心，修行之后就可以支配五官，但味觉、触觉、视觉、嗅觉和听觉在入定时也能得到特殊的训练。禅宗的修行之一就是要能辨别无声的脚步，并根据它确定位置，或者在入定时也能分辨出香味。嗅、视、听、触、尝都"有助于第六官"，人要在入定中学会"诸官皆敏"。

　　每一个注重超感觉经验的宗派，都认为这是不同寻常的修养。禅宗修行者就算在入定状态也不想超脱自身，而是像尼采描述古希腊人那样"保留自己的原样，保持自己市民的名义"。很多日本著名的佛教大师都对这有自己独到的见解，其中最精彩的就是高僧道元的讲述。他在 13 世纪时开创了禅宗曹洞宗，至今仍是影响最大、势力最大的。他谈到自己的顿悟时说："我只知道眼睛横在鼻子之上……（在禅的体验中）并无神秘。就像时间流逝一样自然，日出东方，月落西沉。"禅宗也不认为"入定"除了能培养自我修养以外，还能传授别的什么能力。一位日本佛教徒写道："瑜伽派认为冥想可以获得超自然的能力，但禅宗认为这很荒谬。"

这样，日本就抹杀了作为印度瑜伽基础的各种观点。日本人酷爱限定，令人想起了古希腊人，他们把瑜伽派的修行理解为完善自身的自我修养，理解为达到人与其行为无所阻隔的"圆熟"境界。这种修养要自力更生，而且它的回报具有即时性，因为它使人们用力恰到好处，最有效地应付各种局面；它能进行自我控制，不恣意妄为，不躁不乱，不管遇到外来危险或内心的激动，都能使人保持镇定。

这种修养不仅适用于僧人，对武士也很有益。事实上，武士是把禅宗当作了自己的信仰。除了日本用神秘的修行法来训练武士骑兵作战，其他地方大都是靠它来追求神秘的超感官体验，而这一习惯从禅宗开始一直延续至今。12 世纪，日本禅宗创始人荣西的巨著取名《兴禅护国论》，禅宗训练武士、政治家、剑术家和大学生，以达到功利的目的。像查尔斯·埃利奥特爵士说的那样，中国禅宗史的发展根本不能想象得到，禅宗传到

209

日本有一天竟然成为了军事训练的手段。"禅宗和茶道、能乐一样成了日本式的文化。人们可以想到，在动乱的12、13世纪，这种不主张从冥想、神秘修行中悟出真理，而主张内心直接体验的教义，会在忘却红尘避世免难的僧院中流行，更不会想到武士会喜欢上它并作为生活准则。但事实就是如此。"

包括佛教和道教在内的日本许多教派都特别强调冥想、自我催眠和入定，有些教派甚至认为这种修行的所得是上帝的恩赐，他们是把哲学建立在"他力"之上，要依靠神助。以禅宗为主的教派，则主张自食其力，依靠自助，他们教导人们："潜力只存在于自身，只有靠自己才能发掘潜力。日本的武士发现这种禅宗教义更符合他们的性格，无论从事的工作是僧侣，或政治家、教育家，他们都以禅宗的修行来完善自身。禅宗的教义十分明确："禅所求者，唯在己身可求之光明，不容任何阻碍。除尔途中一切孽障，……遇佛杀佛，逢祖灭祖，遇圣剿圣。唯此一途，可以得救。"

追求真理的人，不应间接接受佛法、经书、或者神学。"三乘十二因缘教就是一堆废话。"研究它们虽说不无益处，却始终无法让人灵光一闪，有所顿悟。一本禅语对答集中记载了弟子求禅僧讲《法华经》的故事，禅僧讲得很好，弟子却失望地说："怎么，我还以为禅僧看不起经典、理论和逻辑呢？"禅僧回答说："禅并非一无所知，只是相信一切真理皆在法外。你不是来求知，只是来问经而已。"

禅师们所传授的传统修行，意在教弟子如何"悟道"的方法。这修行有肉体上的，也有精神上的，但无论是哪一种，最后都必须归于内心，进而得悟。举一个剑手的修禅为例，他必须经常练习剑术的基本动作，但这只属于"能力"范围，他还必须学会"无我"。他首先要站在地板上，把精神集中于脚下支撑身体的那几英寸的地板，又窄又小的地板逐渐升高，久而久之，剑术家立在四米高的柱子上也能轻松自如地像站在平地上一样。当他能自如地站在那根柱上时，他的心已经随着自己的意志不会再感到眩晕或害怕摔下去，这时他就顿"悟"了。

日本的站柱修行已经不再是苦行，其实是把人们熟知的西欧中世纪圣西蒙派的立柱苦行术改造成为一种有目的的自我修养。不管是禅宗的修行还是农村的许多习惯，都把肉体训练进行了改造。世界上有许多地方都有浸冷水或站在瀑布下之类的苦行，有的是为了锻炼肉体，有的是为了祈求上帝的眷顾，有的则是为了入定。日本人喜好的那种耐寒苦行，是在黎明前站在或坐在冰凉刺骨的瀑布之中，或者在冬夜洗三次冷水澡，但其目的是有意识地锻炼自我，直到感觉不到痛。遵循此道的目的是训练自己冥想时能不受干扰，当他意识不到水冷而颤抖时，他就"圆熟"了。此外，他们不求得到其他什么。

同样，精神修行也必须自食其力。你可以请教师父，但师父不会像西方的老师那样教你，从自身以外学到的东西也没什么意义。师父也可以和弟子讨论，但他不会温和地引导弟子去接受新的知识。越粗暴的师父反而越有帮助，如果师父突然敲掉弟子刚送到嘴边的茶杯，或者把弟子摔倒，或者用铜如意敲打他的关节，这样能打掉他的自满，他就会瞬间顿悟。僧侣言行录中类似这样的故事还有很多。

师父为了让弟子开悟，他们最爱用"公案"这一方法，公案的字面意思就是"问题"。据说这样的问题有一千七百个，禅僧逸话中说，有人花七年的时间解决一个问题也不足为奇。但是有些问题并不一定有合理的答案，比如："试想一下一个巴掌怎么拍响？"或者"幻想一下你没出生时你母亲的状况"以及"背着尸体走来的是谁？""朝我而来的是何人？""万法归一，那一又将何归？"等等问题。12、13世纪以前的中国也有过这类禅问，但后来就绝迹了。日本引进禅宗的时候也引进了这些禅问，并且逐渐成了到达"圆熟"的最重要手段。禅宗的入门手册中就很重视这些问题，因为这些"问题中包含着人生的困境"。他们说，思考问题的人就像"被逼入绝境的老鼠"，或"铁球堵在喉咙"的人，"想叮铁块的蚊子"，会加倍努力，直到除去心灵和问题之间的屏障，两者合而为一，瞬间他就"顿悟"了。

读了这些，如果想在这些书中寻找他们费尽心思找到的真理，你会失望的。例如，南侯花了八年时间思考"朝我而来的是何人？"最后，他终于得出了结论："即使此地有物，也会随即失去。"但是，禅语的启示也有一定的模式，比如下面的这几句问答：

僧问："怎样才能免于生死轮回？"
师答："谁束缚了你？"（亦即谁把你绑在轮回之上？）

借用中国一句有名的成语，他们学东西就是"骑驴找马"，他们要学的不是网，而是用这些工具去捕鱼。而用西方的术语来说，他们学的与困境无关，这是一个二难推理，其目的在于使人顿悟：只要打开心眼，现存方法就可以解决问题。一切都是可能的，无需借助外力，自食其力就可以了。

这些与神秘主义的道理一样，问题的意义并不在于这些探索者所发现的真理，而在于日本人对探索真理是怎么想的。

这些问题被称作"敲门砖"，"门"其实就装在迷茫的人性这道墙上。这种人性担心现存手段是否够用，而且总在幻觉，以为有许多人盯着自己，并准备或褒或贬。这堵墙就是日本人深有体会的"耻感"。敲开了门就等于功课修完了，人就自由了，他们的道德困境也解脱了，砖也就没用了，也就用不着再去解答问题了。他们拼命死钻牛角尖，"为了修行"变成了"咬铁牛的蚊子"，到最后才恍然大悟，原来根本没有死角。"义务"与"道义"之间，"道义"与"人情"之间，以及"正义"与"道义"之间都不存在死角。他们发现这个道理后，就获得了自由，他们达到了"无我"的境界，"修养"就成功地"圆熟"了，就能充分"体验"人生了。

研究禅宗的权威铃木大拙把"无我"解释为"无为意识的入定"，不需"用力、不用心"，"观我"就会消失，人也会"失去自身"，也就是自己不再是自身行为的旁观者。铃木说："随着意识的觉醒，意志就分为行为者和旁观者，而且两者必然会冲突。因为，作为行为者的我要求摆脱作为旁观者的我的约束。"而当弟子"顿悟"时，他会发现除了目标及实现目标的行动，他的身边既没有"旁观者"，也没有"作为无知或不可知的自身"。人类学家如果能改变一下表述方式，就能更明确地指出日本文化的特点。就好比是一个小孩子，在严格的训练要求他观察自己的行为时，也要根据别人的评论来判断自己的行为时。作为观我者，他是很容易受打击的，但一旦升华而入定了，那个容易受伤的自我就消失了，他就不会意识到"自己在做些什么"。这时，他就会觉得自己已经修行到家了，就可以像剑术者那样，就算站在四米高的柱子上也一点都不害怕了。

画家、诗人、演说家及武士也都是通过这种修行来达到"无我"的境界，他们学到的并不是"无限"，而是自我能清晰地感受到世界上的有限美；或者说是学会了调整目标和方法，用力恰到好处，就能达成目标。

就算完全没经过修行，人们也能达到"无我"的境界。当人们沉醉于能乐和歌舞的剧情而忘我之时，他手掌出满了汗，他觉得这是"无我的汗"，也可以说他失去了"观我"，轰炸机飞行员在接近目标投弹之前也会渗出"无我之汗"。"他意识不到自己在做什么"，他的意识中没有了"观我"。高射炮手专心侦察敌机时，周围的世界也仿佛全都不存在了，他的手也会渗出"无我之汗"，他也失去了"观我"。日本人认为，凡是遇到这种情况，能达到这种状态的人，应该都进入了"无我"的境界。

从上面的描述可以看出，日本人把自我监视和自我监督当成了一种沉重的负担。他们说如果没有这种牵制，他们会更自由而有效率。而美国人认为所谓"观我"，与理性原则其实是一样的，所以会为自己能临危不惧、"保持机智"而自豪。日本人却要到了人定境界，忘记自我监视时，才能感觉到自己解除了重重枷锁。我们看到的是，日本文化反复给人灌输要谨小慎微的思想，而日本人则对此辩解说：当忘记自己要谨小慎微时，人就会到达更高的境界。

日本人表达这种信条时常常会高度赞扬"像死人一样活着"的人，但这其实是一种最极端的方式。如果直译成西方语言，也就是"行尸走肉"的意思，但西方语言一向很讨厌这句话。我们这句话是指一个人已经死了，已经没有人气了，空留一具躯壳，日本人所说的"像死人一样活着"则是说这个人已达到了"圆熟"境界，常常是劝勉和鼓励别人的话。比如鼓励为中学毕业考试而苦恼的学生时，他们会说："就当你已经死了，这样就容易通过。"鼓励做大生意的人，他们会说："就当死了，拼一把。"当一个人精神极度痛苦，灰心失望时，也会告诉自己"就当自己死了"，然后再努力生活。战败后被选为参议院议员的基督教领袖贺川丰彦，在自传小说中说："他就像被魔鬼缠身了一样，每天躲在自己房间里哭泣，已接近歇斯底里了。他挣扎了一个半月，最终还是活下去了……我要像死人一样活着……他要当自己死了一样战斗……决心要当一个基督徒。"战争期间，日本士兵喜欢说："我就当自己死了，以报答皇恩。"不管他们做什么行动，他们都可以用这句话来表达。如出征前会给自己办葬礼，发誓要把自己的生命"变成硫黄岛上的一堆土"，或决心"与缅甸共存亡"等等。

以"无我"为根基的哲学也体现了"像死人一样活着"的态度，这种状态中人的一切自我监视、恐惧和戒心都会消失。他已经是死人了，他是自由的，不用再报"恩"了，也就不用考虑行为恰当不恰当了。因此，"我要像死人一样活着"这句话就意味着摆脱了一切矛盾冲突，意味着"我的活动和注意力不受任何束缚，可以勇往直前地去实现目标。我和目标之间也没有'观我'和'恐惧'的阻隔，过去一直困扰我的紧张感和消沉感也随之消失。现在，我可以为所欲为了"。

按照西方人的说法，日本人在"无我"及"就当自己死了"的习惯中已经排除了意识，他们所谓的"观我""妨我"是判断一个人行为的标准。这就能看出西方人与东方人的心理差异，我们说一个美国人没有良心，是指他在干坏事时没有负罪感，而日本人说一个人没有良心却是指这个人不紧张、不受困扰。同一个词在美国是指坏人，在日本则指好人、有修养的人、能最大程度表现自己的人，指能够完成最困难工作而又无私奉献的人。美国人行善的强大约束力是负罪感，如果一个人的良心泯灭，他就不会有负罪感，而会变成反社会的人。日本人对此问题则认为，人心本善，如果有冲动就付诸行动，他自然而然就会行善。所以，他想努力修行，追求"圆熟"，来消灭对"耻感"的自我监视。只有达到这种境界，才能消除第六官的障碍，才能彻底摆脱自我意识和矛盾冲突。

就像前面所说的，如果脱离了日本人在其文化中的个人经验，再去考察日本人的这种自我修养的哲学，就会不得其解。他们那种归为"观我"的"耻感"是一直压在日本人身上的，如果不讲日本人的育儿方式，他们奉为哲学的精神驾驭术的真正意义就说不清楚。不管什么文化，道德规范总要通过语言和长者对子女的态度来传递。如果不研究一国的育儿方式，外人就很难理解该国生活中存在的问题。到本章为止，我们主要是从成人方面描述日本民族的人生观，接下来探讨的日本人的育儿方式也会使我们更清楚地了解这些观点。

第十二章

儿童启蒙

喜欢思考的西方人是想不到日本人怎么教育孩子的。美国父母在教育孩子要适应新生活时，不会像日本人那样要求谨慎自制，他们从一开始就会教育孩子，他们的愿望不是世界上至高无上的。我们会规定什么时候喂奶，什么时候睡觉，没到时间，就算孩子哭闹也得等。而如果孩子吸手指或摸身上其他地方，母亲就会敲他的手指禁止他。母亲常常会不在孩子身边，如果她出去了，她会把孩子留在家里。如果孩子贪恋母乳，也要想办法让他断奶，如果是用奶瓶喂奶，就不给他奶瓶。美国父母会给孩子规定哪些东西对身体好，一定要吃，如果不吃，就要受罚。美国人会很自然地联想，日本成人后都必须克制欲望，小心翼翼地严守本分，他们小时候受的教育肯定更严格的。

但是，事实并非如此，日本人的人生轨迹与美国人的正好相反，是很明显的浅底 U 字形曲线。他们国家的老人小孩是最自由、最任意的，小孩长大了，约束也就多了，结婚前后个人自由度是最低的。他们的壮年一直保持这种低潮，几十年后会再次逐渐上升。六十岁以后，就又可以像小孩一样不用烦恼，不怕丢脸。美国人的人生轨迹恰好是相反的，儿童教育非常严格，孩子慢慢长大才会逐渐放松，到能够独立，成家立业时，他就几乎可以不受别人的任何约束了。美国人的壮年期是最自由和主动的，等到慢慢变老时，精力日益衰退会成为别人的累赘，就会受到约束了。美国人觉得日本人的生活模式似乎与现实背道而驰，让他们过那样的日子连想都不敢想。

但是，不论是美国人还是日本人，他们的人生轨迹其实都是确保人们能够在精力最旺盛的时候充分融入本国的文化，美国是通过让青壮年自由选择来参与文化；日本则是要最大限度地约束个人来使他们融入日本文化。就算这个时期人的体力最好、最有能力，也不代表他们能主宰自己的生活。他们坚信，约束才能修身养性，这是自由给不了的。虽然人在青壮年时期受到的约束最大，却又不是终生受约束的，他们的童年和老年都是自由的。

不管是日本人还是美国人，喜欢宠孩子的人都会希望有自己的孩子，他们想生小孩是因为觉得宠小孩是一种快乐。但日本人要孩子并不仅是为了获得感情上的满足，更因为如果断了香火，他们就是失败者，美国则没有那么重视传宗接代。日本人一定要有儿子，他们想生儿子是想自己死后有人祭拜，是为了传递香火，绵延子嗣，维护家族荣誉和财产。由于传统的社会原因，父亲需要儿子，就跟孩子需要父亲一样。儿子就算将来做了父亲，也不会不管自己的父亲，有了儿子才能让父亲安心。接下来，父亲仍然是家里的一把手，以后才会由儿子接班。如果儿子长大了，父亲还不能让权的话，别人就会说父亲没有当父亲的样。这种根深蒂固的使命感使日本人觉得，就算儿子成年了还依靠父亲也不用像西方人那样感到丢脸，即使他们依靠父亲的时间要比美国人长得多。

日本女人也想生儿子，这也不仅是为了感情上的满足，而是因为女人只有当了母亲才有地位。没有孩子的女人在这个家里地位最不稳定，即使没离婚，也不能指望哪天能当上婆婆，能够为儿子的婚姻作主、对儿媳呼来喝去。为了延续香火，她丈夫可能会领养孩子，在日本人的观念里，不能生孩子的女人也是个失败者。日本女人希望能多生小孩。20世纪30年代前半期，日本的出生率是千分之三十一点七，远远高于东欧多子女的国家，而美国20世纪40年代的出生率才千分之十七点六。日本女人生孩子也很早，大多数是十九岁左右就生孩子了。

在日本，分娩与性生活一样私密，产妇绝对不能在阵痛时大声喊叫，因为这样会让别人知道。他们觉得新生婴儿睡新床才吉利，母亲一般要提前给婴儿准备新被褥和小床。如果穷人家买不起新床，也要把被褥棉花洗净，这样，做成的被子也就跟新的一样了。小孩的被褥一般都很轻，不像大人的那样硬。虽然据说小孩睡自己的床才睡得香，但在他们潜意识里，其实是根据"感应巫术"即新人睡"新"床，才会让小孩分床睡觉。小孩的床虽然挨着母亲的睡床，但小孩并不跟母亲同睡，直到他长大了，知道要求跟母亲同睡时才和母亲睡在一起。日本人认为，小孩一般要满周岁才会伸出双手要大人抱，这时母亲才会搂着小孩睡。

日本小孩出生后的前三天是不喂奶的，他们要等着流出真正的奶汁。三天后，小孩才可以随时噙着奶头，有时是在吃奶，有时是噙着玩。母亲也喜欢给孩子喂奶，她们觉得喂奶是女人最大的乐趣之一，小孩也最容易感受到母亲是以此为乐的。乳房不仅给小孩提供营养，还能带给小孩喜悦和快乐。小孩出生后的头一个月，要让妈妈抱着，或是在自己的小床上睡觉。三十天后抱婴儿去拜过神了，小孩的灵魂入体了，才能带他自由出去。一个月后，母亲一般会背着小孩，用一根双层带子系住孩子的腋下和屁股，绕过肩部搭在胸上，在腰上打一个结。天气冷了，母亲就会用外套裹着孩子。不管是哥哥还是姐姐，家里年龄大一点的孩子都会背小孩，有时还背着小孩玩垒球或踢石子。特别是农民家庭和贫困家庭，多数是靠小孩来看小孩。这样，"日本小孩从小就生活在孩子圈中，他们很小就显得很聪明，就好像自己也在玩大孩子们玩的游戏"。日本小孩被绑在背上四肢是伸开的，就跟太平洋诸岛及其他地方是用披肩裹婴儿类似，他们习惯把孩子当成被动的，这样他们长大了就能随时随地睡觉。日本人也是一样的，但是日本用带子背小孩不至于像用披肩一样把小孩包得死死的，

图注

这幅浮世绘作品生动地表现了日本妇女的日常生活，一边劳动一边带孩子是她们的生活常态。图中小一点的孩子被母亲背在背上，大一些的已经会调皮捣蛋了。

221

完全不能动。小孩"像小猫一样趴在背上，会自己去搂别人……绑在背上的带子很安全，但小孩……会自己去找一个最舒服的姿势，他很快就能找到，而不是被死死地绑在身上"。

母亲工作时把小孩放在床上，上街时背着走。母亲跟小孩说话，给他哼小曲，让他礼貌地跟别人打招呼。如果母亲给别人还礼，她顺便晃晃小孩的头和肩让他跟别人示意。总之，养小孩就像教大人一样。每天下午，母亲会给小孩洗澡，再把他放在腿上逗着玩。

三四个月大的小孩一般都要用尿布，但是尿布又粗又厚，日本人常抱怨他们的罗圈腿是用尿布用的。再稍大一点，母亲就会教孩子便溺。觉得小孩差不多要上厕所了，她们就把小孩领出去，用手托着小孩的屁股，不停地吹口哨，等着孩子自己尿。孩子也好像知道听到口哨就要便溺了。人们都觉得，日本小孩跟中国小孩一样很早就学会便溺。小孩尿床了，有些母亲会打他的屁股，但一般都只是训斥两句，再把记性差的小孩领到外面多教他两次。小孩拉不出大便时，母亲为了让孩子舒服一点，就会给他洗肠或者让他吃泻药。学会大小便后，孩子就不用带那种又粗又厚的尿布了。日本小孩肯定会觉得尿布特别不舒服，这不仅因为它粗厚，还因为日本人没有尿湿后及时给他们换尿布的习惯。不过小孩还太小，他们只知道每天都要用尿布，躲都躲不了，不知道学会撒尿跟摘掉尿布有什么关系。母亲抱着孩子撒尿时，每次都尽量让小孩与自己离得远点，抱紧点。这种无情的训练是为了孩子成人后，更容易接受日本文化那些繁琐复杂的礼节。

日本小孩通常是先会讲话，后会走路，人们不鼓励爬行。日本的传统习惯是，小孩不满周岁不能叫他站立或走路。以前，母亲是不允许自己的孩子在周岁之前走路的。直到最近十几年，政府在一份名叫《母亲杂志》中宣传应鼓励婴儿先学会走路，这种思想才逐渐普及。母亲一般会在刚学会走路的小孩的腋下系根带子，或者用手托着他。但是，相对来说，小孩还是想早学说话。大人逗小孩说话时，小孩的每一个单词就都具有了教育意义。他们不是让小孩模仿别人学着讲话，而是教他们单词、语法和敬语。

　　小孩学会走路后，就会捣乱。例如他们会用手指捅破窗纸，或者掉在地板中间的火炉里等等。大人不喜欢他们这样，就说屋子里有多危险。他们认为踩门槛是"危险"的，这是日本人的禁忌。因为日本的房子没有地基，是靠大梁撑着的，如果小孩踩了门槛，他们就会迷信地认为这会使整个房屋变形坍塌。除此以外，孩子们不能在两个榻榻米之间的连接处踩踏坐卧。日本人的榻榻米有固定的尺寸，房间按大小被称作"三铺席房间"或"十二铺席房间"。他们经常告诉孩子：古代的武士会躲在榻榻米下，然后从缝隙里拿剑行刺坐在或躺在榻榻米连接处的人。所以他们认为有缝隙的榻榻米很危险，只有厚厚的、柔软的铺席最安全。就是因为怕出事，母亲才常常用"危险"和"不行"这些词语来禁止他们做一些事情。人们阻止小孩做一些事情时，还有一个常用词就是"脏"。日本人家里干净是出了名的，因此他们教育小孩的时候也要他们注意整洁干净。

　　大多小孩在下一胎出生以前是不断奶的，近来政府在《母亲杂志》上提倡婴儿最好在八个月以上断奶。有些中产阶级的母亲已经照这样做了，但大多数人还没有形成这个习惯。日本人认为给孩子喂奶是母亲最大的快乐，就连那些慢慢接受了新习惯的人们也觉得缩短哺乳期是母亲为孩子的幸福做出的牺牲。他们接受新习惯，觉得"长期喂奶对孩子不好"，还认为不给孩子断奶的母亲是自我放纵，没有自制力。他们批评那些人说："哪有没办法让孩子断奶这回事，根本就是她下不了决心"，"她就是想让孩子一直吃她的奶，吃她的奶她才开心"。就是因为有这种态度的母亲，日本才无法普及八个月断奶。其实，还有一个断奶晚的原因，日本人不习惯特意去给刚断奶的孩子做饭，本来断奶的孩子应该喝稀粥，但日本人大部分是从吃母乳一下子就变成了吃成人的普通食品。日本人很少喝牛奶，也不为孩子准备些特殊的蔬菜。这样一来，人们当然会怀疑政府倡导的"长期喂奶对孩子不好"这种说法，到底是不是真的。

以前，母亲吃饭时会抱着小孩坐在饭桌旁给他少喂一点食物，小孩一般是在能听懂大人说话以后就断奶了，断奶后他们吃得就多了。有了下一胎，这个孩子就不得不断奶。但是有些孩子一直没断过奶，就还是会想要吃奶，这也可以理解。为了让小孩不要恋奶，母亲会不时地给他们吃点心，有时会在奶头上涂上辣椒。但所有的母亲都喜欢笑话小孩说"如果要吃奶，那你就长不大。你看看你表弟，人家跟你一样小，都已经不吃奶了，他才是个大人"，"你看那小孩在笑话你，你都当哥哥了还要吃奶"。两三岁，甚至四岁还玩妈妈乳头的孩子，一般在发现比自己大一点的孩子过来了，他就会赶紧放手，假装自己没玩过。

日本人这种激将法和哄骗法不仅用于让孩子断奶，也用于其他事情。从孩子能听懂说话起，家长就经常在各个场合用这些方法敦促孩子早点长大。例如当男孩哭鼻子时，母亲就会说"哭什么哭，你又不是个女孩"，"要知道你是个男孩"，或者说"看人家那个小孩就不哭"。当客人带小孩来串门时，母亲会当着自己孩子的面，一边亲客人的孩子，一边说："我真想要这个宝宝，我就喜欢这样聪明懂事的好孩子，哪像你，都长大了还净淘气。"这时她自己的孩子就会飞跑过来，一边用拳头打母亲，一边哭着说："我不要，我不要。我不喜欢这个宝宝，我会听妈妈的话。"一两岁的孩子吵闹不听话了，母亲就会对客人说："你把这个孩子带走吧，我们家不要他了。"客人往往也会很配合地演戏，假装要把孩子带走。于是孩子疯了一样地哭喊着向母亲求救，母亲看到哄骗有作用了，就和颜悦色地把孩子拉到自己身边，让哭着的孩子保证以后再也不调皮了。有时候，他们也对五六岁的孩子使这种小把戏。

哄骗还有别的形式。母亲会指着父亲对孩子说："我不爱你，我爱你爸爸，因为你爸爸是好人。"孩子就会很嫉妒，要把父亲和母亲分开。母亲就说："你看，你爸爸才不会像你一样在家里乱喊乱叫，也不会乱跑。"于是，孩子跺着脚说："你骗人？我才没有，我是好孩子。妈妈会喜欢我吗？"玩笑开得差不多就行了，父母相视而笑。另外，他们不仅这样哄逗男孩子，也这样哄逗女孩子。

小时候的这种经历造成了日本成年人也很害怕嘲笑和哄骗。我们不能确定小孩到几岁会懂得那些哄骗是拿他开玩笑，但他早晚会懂得的。懂得了以后，他就会把这种被人哄骗的感觉跟害怕失去一切的恐惧感联系到一起，当长大以后再受人嘲笑时，他就会有心理阴影，会感到恐惧。

这种嘲弄一般更会让二至五岁的孩子感到恐慌，因为他们把家庭视作避风港，可以由着他们的性子。父母不管在体力还是感情上都有明确的分工，他们很少在孩子面前争些什么。母亲或祖母一般都是做家务、教孩子，她们都会毕恭毕敬地侍候父亲、崇拜父亲。家里的长幼尊卑也十分明确，孩子也知道长者有特权，男人有女人没有的特权，兄长有弟弟没有的特权。但是孩子在童年时，全家人都宠着他，特别是男孩。在孩子心中，妈妈永远是有求必应的，一个三岁男孩会无缘无故跟母亲发脾气，但他绝不敢反抗父亲，却可以对母亲和祖母发脾气，用以发泄受父母嘲弄以及要被"送给别人"的怒气。当然，不是所有的男孩都脾气不好。但是，无论是在农村还是在上流家庭，三到六岁的孩子一般都脾气不好。孩子往往是捶打母亲，又哭又闹，最后还野蛮地弄乱母亲精心打扮的发髻。母亲毕竟是个女人，而他就算只有三岁也是个男子汉，可以以粗暴发泄、无端攻击为乐。

而对孩子来说，父亲是家里至高无上的，他只能对父亲表示尊敬。用日本人的术语来说，就是"作为一种教养"，孩子也必须学习对父亲表示应有的尊敬。跟西方国家的父亲相比，日本的父亲似乎很少教育子女，教育孩子的事基本全交给了女人。父亲对孩子有什么要求，一般只是用眼神表示或者只是简单讲几句训斥的话。这种情况也不多见，孩子们一般都会言听计从。父亲可能会在空闲时给孩子做点玩具，在孩子会走路后很久，他有时也抱抱孩子或带他出去转转。日本的父亲有时也会教教这个年龄的小孩，而美国的父亲一般都交给孩子的母亲。

226

尽管孩子也要尊敬祖父母，但他们可以对祖父母任意撒娇，但祖父母并不教孩子。虽然有的祖父母觉得父母对孩子管得太松了，就想自己来管，但这毕竟会产生一大堆矛盾。这个时候，祖母一般一天到晚守着孩子，也经常会出现婆婆与媳妇争孩子的事。对孩子来说，他可以获得双方的宠爱，对祖母来说，她可以利用孙子来支使儿媳，而年轻的母亲最重要的任务就是要讨取婆婆的欢心。因此，不管祖父母怎样溺爱孙子，媳妇也不敢说个不字。经常会出现妈妈说小孩子不能再吃糖了，祖母却马上又给，还阴阳怪气地说："奶奶给的糖没有毒。"在许多家里，祖母总能给孩子一些稀奇古怪的东西，这些都是母亲弄不到的，而且她也比母亲更有空陪孩子玩。

哥哥和姐姐都被教育说要宠爱弟妹。在妈妈生下另一个孩子时，大一点的小孩会明显地感到被忽略了，他们通常会想到自己平时吃的奶和跟妈妈一起睡的床就要让给新宝宝了。母亲会在新宝宝生出来之前，跟孩子说："这次，你就有一个真的宝宝而不是一个洋娃娃了。以后你就不能跟妈妈睡，要跟跟爸爸睡了。"而且把这说成似乎是大孩子才有的特权。孩子兴高采烈地给新宝宝出生做各种准备，新婴儿出生时，孩子通常都是真的很激动很开心，但这种心情很快会消失。对于后来已经预料的一切事实，小孩也不会特别难受。但是失宠的小孩总想把婴儿抱到别的地方去，他对母亲说："把这个宝宝送给别人吧。"母亲会回答："不，这是我们家的宝宝呀，所以大家都要喜欢他。小宝宝可喜欢你了，你要帮妈妈照顾小宝宝呀。"这种情况可能反复出现而且持续很长时间，母亲对此似乎也不介意，孩子多了自然会有解决办法。孩子们会按间隔次序来安排照顾较小的孩子，比如老大会照顾老三，老二则照顾老四，而弟弟妹妹也一般跟隔一个次序的哥哥姐姐亲密一些。七八岁之前，这种男女之间的次序差别一般没什么影响。

日本的父母及亲友都送给孩子布娃娃及其他玩具当做礼物，有的自己做，有的是买的。穷人家一般都是自己做的，不用花钱。小孩会用布娃娃和其他玩具玩过家家、扮新娘、过节日之类的游戏，他们游戏之前会先争论真正的大人到底是怎么做这些事的，有时还吵得不可开交，就请母亲评理，母亲就用"贵人度量大"来劝孩子忍让。她们常说"吃亏就是占便宜"，意思是你把玩具让给别的孩子玩一会儿，等他玩腻了去玩别的了，这玩具还是你的。在玩主仆游戏时，母亲也会让大孩子当仆人，说大家都高兴，你也不吃亏。母亲这么讲，三岁的小孩很快就知道是什么意思了。日本人这种"吃亏就是占便宜"的原则，一般也适用在成年人的生活中。

日本人教育孩子，除了训斥与哄骗之外，还有一个重要的方法就是转移孩子的注意力。不时给孩子吃糖也是一种转移注意力的办法。孩子该上学了，父母就会用各种方法来转移他的注意力。如果孩子脾气不好、不听话、喜欢吵闹，管不住他，母亲就把他带到神社或寺院去。母亲的态度是"让我们求神佛治治他吧"，更多时候像愉快的郊游。负责治疗的神官或僧人认真问完孩子的生日和他的坏毛病后，就退到里屋去祈祷，祈祷完就说孩子的病很快就会好了。有时会说，孩子不听话是因为肚子里有虫子，他给孩子作法祛虫子，他就好了。日本人说这种方法"暂时有效"，即使在此过程中小孩受了很多折磨，他们也觉得那是"良药"。僧人把一种盛满干艾粉的小型圆锥形容器里点火燃烧，放在小孩的皮肤上给他做针灸，但是疤痕会永远留在身上。东亚一带很流行用艾灸来治病，日本也习惯用它来治疗各种疾病，还可以治坏脾气和死心眼。六七岁的小孩就要接受母亲或祖母这种"治疗"，治不好了再治第二次，但一般不会进行第三次。艾灸虽然不是美

图注

日本人在成年后虽然受着很多束缚，但童年还是比较轻松幸福的，拥有远远高于成年人的自由度。图中的男孩一手牵着母亲的衣角一手拿着小网，表现出一副童真可爱的样子。

国人说的"你再这样我就揍你！"的那种惩罚，但艾灸要比挨打痛苦得多，所以孩子就记住不能淘气了，否则要受惩罚。

除了这些对付调皮小孩的办法以外，日本还有很多培养孩子各种技能的习惯。他们强调老师要手把手地教孩子做动作，孩子要乖乖地照着学。两岁之前，父亲就教孩子端正坐姿，两腿要盘起来，脚背要贴着地板。尤其是，端坐的时候身子要直，不能乱动，也不能换姿势。刚开始孩子做不好，经常四面朝天。日本人说，端坐的诀窍就是全身放松，让父亲按着孩子的腿摆正他的位置，他只要由着父亲就行。日本人不仅要学坐姿，还

要学习睡姿。日本女人很重视睡姿的优美，就好像美国女人很在乎不能让人看到裸体一样。日本政府为了获得外国人的认同，曾把裸浴列为陋习，在此以前，日本人并不觉得公开裸浴很羞耻，但一直很重视妇女的睡姿。日本早期训练男女有别的一种规则是，男孩可以随便睡，女孩就必须双脚夹紧，直身而睡。这种要求跟其他的规则一样，对上层阶级的要求比下层阶级要严得多。杉本悦子谈到她自己经历过的武士家庭教养时说："打我记事以来，我晚上总是小心地静静地躺在小小的木枕上……不论在什么场合，武士的女儿都要做到身心不乱，就连睡觉也不例外。男孩睡觉可以四仰八叉，呈'大'字形，手脚乱放。女孩睡觉就必须规规矩矩，手脚放好呈现'き'字形。这能体现出我们'自制'的精神。"一个日本妇女告诉我她们晚上睡觉时，母亲或奶妈会帮她们把手脚放好。

老师教书法时也是手把手地教，说这是为了让孩子"亲身体会"。在孩子还不会写字甚至还不认字之前，老师就让他们体会那种张弛有度、慢条斯理的运笔方法。现代教学因为都是大班教学，这种方法不像以前那么常见，但偶尔也会用。像鞠躬、用筷子、射箭以及背枕头代替背婴儿，老师都是手把手地教孩子，指导他们把身体摆正。

除上层阶级外，孩子上学以前可以跟附近的孩子们一起自由玩耍。农村的孩子们不满三岁就开始结交玩耍的伙伴，就算在乡镇和城市，他们也可以在人来人往的街上，车辆出入的地方自由玩乐。他们可以在商店周围乱转，或者站在大人旁边听人们说话，或者跳房子和玩橡皮球。他们在村边玩耍打闹，自有神祇保护他们的安全。男孩跟女孩在上学之前以及上学头两三年内可以一起玩，但大多还是与同性最亲近，同龄的孩子最易结为死党。特别是在农村，这些同龄孩子之间的友谊一般可以持续终生，持续时间远远超过其他团体。须惠村有一句俗话："同龄人比老婆还要亲。"因为上了年纪的人，随着性关系的逐渐减退，同龄人聚会便成为了人生的真正乐趣。

在西方人看来，这种学龄前儿童相互之间无拘无束的结伴玩耍，甚至有些游戏带着一些猥亵的意味以及孩子具有性知识是因为大人谈话随便，不顾场合，也由于日本的住所狭窄，全家人都住在一起。而母亲逗孩子、给孩子洗澡时，也常常指戳生殖器，当然是男孩的生殖器。只要注意场合和对象，日本人一般不责备孩子的性游戏，也不认为手淫有什么危险。伙伴之间可以相互揭短，大人之间的这种揭短就是侮辱了，他们会相互炫耀，大人之间的这种自炫就会引起耻辱感。而对孩子，日本人却笑着说，"孩子哪知道什么叫羞耻啊"，"就是不知道才如此幸福"。如果说哪位成年人"不知羞耻"，就等于骂那个人是无耻之徒。这就是小孩跟成人之间的差别。

这个年龄的孩子们常常讨论别人的家庭和财产，还特别爱炫耀自己的父亲。比如他们经常说"我爸爸比你爸爸本事大"，"我爸爸比你爸爸聪明"等等，有的时候甚至为了自己的父亲而动手。美国人认为这些事情简直不值一提，但日本小孩们自己说的这些话跟他们从大人们那里听到的又完全不一样。大人都谦称自己家是"敝宅""寒舍"，称邻居家为"府上""贵府"。日本人也一致承认，从结成伙伴到小学三年级差不多是九岁左

231

右的那段童年时间，是强烈要求个人意识的。他们经常会说"我当君，你当臣"，"不行，我不当臣，我要当主君"之类的话，他们有时会炫耀自己，贬低别人。总之，孩子想说什么就可以说什么。年龄大了，他们就知道这些话不能说，于是他们就等着别人来问，不问就不张口，再也不炫耀自己了。

孩子们一般在家里学习崇拜超自然的神灵，神官和僧人并不"教育"孩子。孩子真正地接触宗教一般只是在赶庙会的时候，他会跟其他参拜者一起接受神官洒的驱邪水，就算有些家人带孩子去参加佛教仪式，也大都是在庙会时。孩子们对宗教印象最深的常常还是在自家的佛坛和神龛举行的家庭祭祀，最引人注目的就是祭祀家族祖先牌位的佛坛，那里摆着花、香及树枝，每天还要供奉食品。家里的长辈要每天跪拜祖先，报告家里发生的大小事。晚上要点盏小小的油灯。人们常说，他们之所以不愿意在外面过夜，是因为没有家里这些神灵的保佑，他们心里不踏实。神龛通常是供奉一些神符的简单架子，除此之外也放置一些供品。厨房里还供着灶神，被烟熏得黑乎乎的，窗户和墙壁上也贴着许多护符，这些护符都是保全家平安的。村里护村的神社也很安全，因为有大慈大悲的神镇守着。母亲喜欢让孩子在安全的神社玩耍，所以孩子的经历中没有让他害怕神的东西，他也没有必要按照神的意愿做事。众神不是当权者，不可以为所欲为，他们受人祭拜，回头而向人间赐福。

男孩上学二三年后，才真正开始像成年人一样修行，他们的生活也被纳入成年人谨慎的生活模式之中。在这之前，孩子学习的是控制身体。如果他太淘气，就治他的淘气，分散他的注意力。

他虽然受到了规劝和嘲笑，但他可以我行我素，可以对母亲发脾气。这样一来，他的从自我中心的观念就膨胀了，刚开始上学时也不会有什么大变化。小学的前三年是男女同校，而且，老师不论男女都很喜欢孩子，与孩子打成一片。不过，家庭和学校都一再嘱告他们不要让自己"难堪"。孩子年龄还小，不知道"羞耻"，但却必须教他们不要让自己"难堪"，比如，大人们会告诉孩子，故事里那个一直喊"狼来了"的男孩是在"糊弄别人，如果你们也这样，人们就会不相信你。那你就会很难堪"。很多日本人都说他们做了错事，第一个嘲笑他们的不是老师也不是家长，而是同学。确实如此，在这段期间，家长的任务不是嘲笑自己的孩子，而是把嘲笑和必须根据"道义"生活的道德教育结合起来。孩子六岁左右，家长才会给他们讲忠犬报答主人的故事所提倡的义务，以此来对他们进行一系列的约束。长辈会对孩子说"再这样下去，别人会笑话你"。日本的规则很多，也常常会因时因事而异，但大多数规则与我们所说的礼节有关。这些规则要求个人意志要服从于集体意志，包括对邻居、家庭及国家的义务等。他必须学会自制，必须认识到自己责任重大，必须知道自己还欠了诸多人情，如果要还清这些人情债，他就必须谨慎处事。

大人一般会把儿童时期的哄骗夸张一些，从而让成长期的少年清楚地体会到这种地位的变化。八九岁的孩子如果出了错，他可能真的会受到家人训斥和打击了。如果老师向家里报告说他不听话或行为不礼貌，或者德育分不及格，家里人就会不理他。但如果是一个店主指责他捣乱，那就意味着"他让家族蒙了羞"，全家人都会批评他。我曾认识两个日本人，他们十岁以前曾因为在学校受到老师的处罚，而两次被父亲赶出家门，他们也没脸到亲戚家去，两个人就只好待在外边的窝棚里，后来被母亲发现，好说歹说才让他们回家。高年级的孩子有时被关在家里全心"悔过"，专心致志地写日记，日本人十分重视日记。总之，家里人都把孩子看作他们在社会上的代表，社会指责小孩，家人也会反对他，因为他违背了"对社会的道义"，就别指望家人支持他，也别指望同龄人的支持。他犯了错误，同学也会疏远他，如果他不赔罪并保证不再犯，伙伴们就会不理他。

杰佛里·格拉说："值得大力指出的是，上面种种约束在社会学上来说已经太不寻常了。一般来说，在那些大家族或其他宗派集团中，如果集团成员被其他集团成员指责和攻击，该集团一般都会挺身而出支持他。只要他能得到本集团的支持，他就会相信在需要或受到攻击时，会得到本集团的充分支持，他就敢和本集团以外的所有人为敌。日本的情况却恰恰相反，一个人只有得到其他集团的承认，才能得到本集团的支持。如果外人不赞成或指责他，如果他不能说服其他集团的人收回责难，本集团的人就也会反对他、惩罚他。这样一来，'外界'的赞同在日本就远远比在其他社会重要得多。"

在此之前，女孩的教育与男孩的教育除了在细节上有点差异，本质上基本一样。但是女孩在家里比哥哥弟弟们受的约束要多些，虽然小男孩有时也得照顾小孩，但女孩要做的事情更多些。在接受赠礼、别人的关心时，也总是最后才轮到女孩，她们也不能像男孩那样发脾气。但是，与其他亚洲女孩相比，日本女孩是很自由的。她们可以穿鲜艳的衣服，可以在外面与男孩一起玩耍打闹。她在儿童时也"不知耻"。六岁到九岁这段时间，她们跟男孩的经历也差不多，慢慢懂得了对社会的责任。九岁以后，学校就分成了男班女班，男孩开始重视建立跟男孩之间的关系，他们开始排斥女孩子。男孩害怕别人看见他和女孩说话，母亲也会告诫女孩不要与男孩交往。据说这个年龄的女孩很难教，她们动不动就多愁善感，也不喜欢外出活动。日本女人的童年从被男孩排斥就结束了，也没有什么乐趣了。此后的很多年，不管是订婚还是结婚以后，她们就只能"自重再自重"，这种教导是永远持续的。

男孩就算懂得"自重"和"对社会的道义"，也还不能说他们已懂得日本男人的全部使命。日本人说："男童从十岁开始学习'对名分的道义'。"这句话让男孩子认识到对侮辱表示愤恨是一种品德，他还必须学习这类规矩：在什么情况下可以直接攻击对方，在什么情况下可以间接洗刷污名。我并不认为他们的意思是教孩子学会在受到侮辱的时候要反击，因为男孩小时候就已经学会对母亲发脾气，学会跟年龄相仿的孩子争相斗嘴吵架，他们没有必要在十岁以后再学习怎样攻击对方。当十几岁的少年必须服从这种约束时，这种约束会指导他们该怎么处理攻击。就像我前面说过的，日本人往往把攻击指向自己，而不是对别人行使暴力，小孩也不例外。

少年在小学毕业后如果要继续升学，（其人数约占人口的15%，男童比例较高）他就要面临竞争更激烈的中考，要跟每个考生竞争每门学科，这些少年也就马上要承担起"对名分的道义"的责任了。因为在小学和家里基本上是不存在竞争的，他们也就没什么经验，因而这突如其来的竞争就显得更加激烈，更令人担忧了，他们常常会争名次，还担心老师会对某些人偏心等等。但是，日本人在回忆时不怎么会谈这种激烈的竞争，而是会提到中学里高年级学生欺侮低年级学生的习惯。高年级学生经常想方设法地欺负低年级学生，支使他们干这干那，让他们做各种被欺负被捉弄的表演。低年级学生被迫在高年级学生面前低头下跪、四脚爬行，遇到这种事情的日本男孩子不会觉得这是在开玩笑，事后，他们一般都恨得牙痒痒，一定要想办法报仇。但是又不能马上报复，所以他就更怀恨在心，耿耿于怀。他觉得这关系到他的名誉，是道德问题。也许几年之后，他会利用家庭势力把对方拉下马；或者他会努力学习剑术或柔道，毕业后要在大街上当众报仇，让他颜面扫地。总之，一天不报仇，他就总觉得"心事未了"。这是日本人崇尚报仇雪恨的一个主要原因。

有些少年没有继续读初中，他们入伍后也会遭遇相似的事情。和平年代，每四个青年便有一人被征当兵。二年兵欺负一年兵远比中学里高年级生欺负低年级生严重得多，但是军官对此却视而不见，除非有特殊情况，士官一般也都置之不理。日本军规的第一条就是，向军官告状是很丢脸的，所以士兵们一般都是自行解决矛盾争执。军官认为这是一种"锻炼"部队的方法，但他们自己却置身事外。二年兵把积了一年的怨气都一股脑儿发在一年兵头上，想方设法地羞辱一年兵，来展示他们受"锻炼"的经验。青年当完了兵，往往跟变了一个人一样，变成了"极度暴力的军国主义者"。但是，这种变化并不是因为他们接受了军国主义的思想教育，也不是由于被灌输了忠于天皇的思想，而主要是因为他们经历了各种屈辱和刺痛而造成的。那些接受过日本式教育、自尊心很强的日本青年，在这种环境里就变得很野蛮。他们说这种折磨简直是社会对他们的排斥，令人难以忍受，这会把他们自己也变成虐待狂。

毋庸置疑，近代日本的中学及军队中之所以会出现上面的情况，跟日本古老的嘲笑和哄骗习俗有关，在学校和军队中，对这种"侮辱性"的反应也不是特例。显而易见，由于传统日本人对"名誉"的看法，他们对嘲弄和侮辱性的反应会比美国人强烈得多。尽管这批被嘲弄的人会以同样的方式对另一些人，但这并不能阻止那个被侮辱的少年千方百计来报复虐待他的人。许多西方国家都习惯找替罪羊来发泄心中的郁闷，例如，在波兰，如果一个新学徒或年轻的收割手被嘲弄了，他不会报复嘲弄他的人，而是把气撒在下一代徒弟或收割手身上。但在日本不是这样的，虽然也有人用这种方法泄愤，但更多人还是选择直接复仇，只有报复了虐待他的人，他才能产生快感。

日本战后重建时，忧国忧民的领导人应该高度重视战前学校和军队里这种侮辱、戏弄青少年的习惯行为。政府应当大力强调"爱校精神"和"同学关系"，争取消除这些大欺小、高压低的习俗。军队里则应严令禁止虐待新兵。虽然老兵和各级军官应当对新兵严格训练，但是不能在训练中对他们嘲弄、虐待。在学校和军队中，上级生或老兵不得让下级生或新兵摇尾装狗、学蝉鸣，或者在别人吃饭时间让他们"倒立"，违者重罚。如果做到这些，就等于是对日本人进行了再教育，它会比否定天皇的神圣以及从教科书中删除军国主义更有效。

女孩不用学习"名誉"的准则，所以她们体会不到男孩在中学及部队中的那种类似经历，她们的生活会比男孩平稳很多。从懂事起，她们受到的教育就是：凡事以男孩为先，礼品、关怀没有女孩的份。她们还必须遵守一定的规则，她们不可以公开表现自己的主张。尽管如此，她们的童年也跟男孩一样是有特权的。特别是当她们还很小时，可以穿鲜红的衣物。长大后，就不能穿那种颜色了，直到六十岁后才能再穿，六十岁以后也是她的特权期。在家里，她们也像哥哥弟弟一样可以得到母亲和祖母的双重宠爱。她的弟弟妹妹也想跟她亲近一点，所以也会对她很好，还争着跟她一起睡，表示自己才跟姐姐最亲。而她常常会把祖母给她的一些小恩小惠分给小几岁的弟弟妹妹们。日本人不喜欢单独睡觉，晚上小孩们可以挨着他们喜欢的长辈睡，两个人的床挨得紧紧的就表示"你对我最亲"了。十岁左右的男孩一般都跟自己的玩伴一起玩，女孩就不跟他们一起玩了，但她们可以炫耀新的发型，十四岁至十八岁姑娘的发型是最讲究的。她们以前只能穿棉布衣服，现在就可以穿丝绸衣服了。家里人也会千方百计地把她们打扮得漂漂亮亮，这样一来女孩们也心满意足了。

社会上对女孩的种种约束，是不需要父母逼她们执行的，她们自己会主动遵守。父母对女孩的特权不是可以任意体罚，而是平心静气地对女孩说：希望女儿按照自己的要求来生活。下面就是一个极端的例子，它说明了女孩的教育看起来不甚严厉，好像她还有特权，但其实父母已经施行了一种无形的压力。稻垣银子从六岁起就有老师教她中文经典诗词：

"老师教了整整两小时的课，除了动动双手和嘴唇，基本上是纹丝不动。我坐在老师对面，就也得正襟危坐，纹丝不动。有一次正在上课，我也不知哪里不舒服，就稍微挪动了一下身子，跪着的腿换了舒服的角度，老师立马就不高兴了。他轻轻地合上书、说话慢悠悠但又很严肃：'姑娘，你今天的心情显然不适合学习，你先回房好好想想吧。'我心里羞得无地自容，但那也没办法。我只好先拜过孔子像，再向老师行礼道歉，然后毕恭毕敬地退出书房。平时我上完课都会向父亲汇报，那次我小心翼翼地来到父亲跟前。爸爸很吃惊，因为时间还没到，但他漫不经心地说：'你今天的功课学这么快啊！'这句话狠狠地敲到了我的心上，我现在想起这件事就难受。"

　　杉本夫人在另一本描写她的祖母的书里，简单地概括了日本父母最显著的一个特点：

　　"祖母脾气很好，但她希望每个人都按照她的想法去做。虽然她不指责也不争吵，但祖母的希望像真丝一样柔软而又坚韧，使她的小家沿着她认为正确的路发展着。"

　　这种"像真丝一样柔软而又坚韧"的"希望"之所以能这么成功，其中一个原因是祖母训练每个人的目标都很明确。女孩要培养的不仅仅是规则，更多的是习惯。幼时要正确用箸，进出房间要有礼有距，成年后要学茶道和按摩。这些都是由长辈手把手教，反复地练习，最后才形成了习惯的。长辈们从不

第十二章　儿童启蒙

239

认为孩子没人教也"会自然而然地学到"正确的习惯。杉本夫人还在书里描写了她十四岁订婚后如何学习给从没见过的未来丈夫做早餐,其实丈夫在美国,而她在日本的越后。可是,在母亲和祖母的亲自监厨之下,她一遍遍地"亲自下厨做几样东西,据我哥哥说那是松雄(未来的丈夫)特别爱吃的。我想象着他就坐在我旁边,我给他夹菜,劝他先吃。我慢慢学着关心未来的丈夫,让他满意。祖母、母亲总是装做松雄就在眼前似地问这问那,我也很注意举止和打扮,好像丈夫真的在房间里。就这样,我学会了尊重我的丈夫,并且摆正了自己作为他妻子的地位。"

对男孩子虽不像对女孩子那么严格,但人们也要通过实例和模仿来教他们养成习惯,而且"学了"习惯之后就不能违反。男孩过了青春期以后,就要去主动摸索生活中的未知领域。长辈不会教他怎么去恋爱,家里也禁止公开的亲密举动,没有亲戚关系的男孩女孩从九岁或十岁起就不能同席了。日本人希望男女双方家长在男孩对性感兴趣之前,为他订下婚约,因此,大家希望男孩女孩接触的时候能表现得害羞一点。农村人喜欢用这个话题逗男孩,想看他们害羞的样子,但男孩还是想着法学习恋爱。然而,从古至今,即使是在偏僻的农村,也有很多姑娘未婚先孕。日本人的这种婚前性行为是不属于人生大事的,所以比较自由,父母商量孩子婚事时也不太在乎这些事。但是今天,就像须惠村一个日本人对恩布里博士讲的那样,社会还是要教育女孩保持贞洁,就连女佣人也不例外。男孩上了中学以后也严禁交往异性,日本的教育和舆论都在竭力防止男女在婚前有亲密行为。日本的电影把那些爱对年轻女人调情的青年看做是"坏"青年，而"好"青年则指对可爱的少女不理不睬，甚至在美国人看来是冷酷、粗野的青年。日本人认为对女人调情的人都是花花公子，不是追逐艺伎、娼妇就是勾搭咖啡女郎。学习怎么示爱最好的办法就是去艺伎馆，他不用愁自己笨手笨脚，也不指望与艺伎上床，因为"艺伎会教你，男人只需看着就行了"。但是，能到艺伎馆去的日本青年并不多，大多数人是到咖啡馆去看男人怎样亲近女人的。但是，这种直接的观察跟他们在其他领域接受的训练是不一样的，男孩们有很长一段

时间会担心自己是不是太笨了。他们生活中不用长者亲手指导的事情很少，性是其中一件，有地位的家庭会在年轻夫妇结婚时送给他们一本《枕草子》和绘有各种亲密姿势的画。就像一个日本人说的："这种事情看书就可以学会，就好比父亲并不教你怎么布置花园，你上了年纪就会知道如何布置。"虽然大部分日本青年是通过别的办法学习性知识的，但他们认为性和园艺一样，看看书到时候就会了。这倒是件有趣的事情。但不管怎么说，他们都不是靠成年人教他们性知识的，这种与其他训练的差异使青年人深信，性与人生大事无关，他们

图注

日本的良家妇女需要严守贞节，但图中这样的烟花女子就完全没有这方面的顾虑，在性方面她甚至可以比男人更积极主动。

不需要通过长辈亲自教或严格的训练来掌握。尽管刚开始他们常感到迷惑不安，但他们认为这件事可以自行掌握，自己获得满足。性和其他领域的规则不同，男人结婚后完全可以毫无顾忌地在外面寻欢作乐，这样做不会对不起妻子，也不会威胁到家庭关系。

妻子就没有这样的特权了，她必须对丈夫忠贞不二，就算对别人动了心，也只能偷偷地进行，日本女人有了私情很少能不被发现。人们常常把那些神经过敏或心绪不宁的女人说成有"精神病"，其实"妇女最大的困扰不是繁琐的日常生活，而是性生活，很多精神不正常的妇女以及大多数的精神病患者，都是因为生活不协调"。须惠村的农民说，"妇女只能靠丈夫来满足性欲，大多数妇女的病都是从子宫开始的，后来才会传到头部。丈夫如果只沉迷于其他女人，妻子就会不自觉地靠手淫来满足自己。不管是农村，还是大户人家，妇女们一般都秘藏有用于房事的传统器具。农村妇女如果生过孩子，她们就可以随便谈论性。当母亲以前，她是绝对不会说关于性的玩笑的，但当了母亲以后，随着年龄的增长，这种玩笑就成了男女聚会时的家常便饭了，她们还会配合艳情小曲，扭腰摆臀，不顾一切地大跳色情舞蹈助兴。"这种做法肯定会引起哄堂大笑"。须惠村的士兵如果退伍回乡了，村里人都会去迎接。妇女们会女扮男装，互开下流玩笑，还假装要强奸年轻姑娘。

因此，日本妇女在性问题上还是很自由的，出身越低微，就越自由。她们一生要遵守许多禁忌，但她们不会忌讳男女情事。在满足男人性欲时，她们有时淫荡有时又克制。女人到了成熟年龄，她们就不顾什么禁忌了，出身低微的女人可能比男人还淫荡。日本人要求女人行为端正也是因时因地而异的，不是一成不变的，不像西方人认为女人要么是"贞女"，要么就是"淫妇"。

男人们的行为也是视不同场合而定的，有时肆意放纵，有时克制谨慎。男人们最喜欢跟朋友一起喝酒，最好是有艺伎作陪。日本人喜欢喝酒喝到醉，他们不限制饮酒，两三杯下肚，就会一反平常严肃的样子，喜欢相互靠在身上，显出很亲密的样子。除了那些少数"难相处的人"，醉酒者一般也不会动粗或打架。日本男人除了在喝酒这种"自由领域"，是决不能干让别人讨厌的事的。如果说一个人讨厌，那就仅次于日本人常骂人的"浑蛋"。

我们可以从日本的育儿方式中理解西方人所说的日本人的矛盾性格，这种育儿方式造就了日本人的人生观中的两面性，但每一面都不能被忽视。他们儿童时期过的是有特权和娇纵的生活，所以后来接受各种训练时，他们总会想起那种天真无邪的童年生活。因为他们曾过着天堂一样的日子，所以不用畅想未来或描绘天堂。他们对童年的描绘是建立在"人性本善，众神慈悲"以及"作为日本人无上光荣"这样的观念之上的，这让他们很容易产生一种极端思想，即"人人都有'佛性'，死后都能成神"。这种思想让他们变得固执，变得相当自信，他们不顾自己的能力去做一些超出能力范围的工作，他们敢于坚持己见，甚至敢于反对政府，他们会以死力谏，证明自己才是对的。但有时候，这种自信会让他们变得狂妄自大。

六七岁以后，强大的压力要求他们必须"谨言慎行"，必须"知耻"，如果犯了错，家人就会集体反对他。这种压力虽然不像普鲁士人的纪律那么严苛，但却无处不在。在他们的幼年还有两件事要求他们必须这样做：一是父母坚持要让他养成撒尿的习惯，还纠正他的各种姿势；另一个是父母常会嘲笑说要遗弃他。这些童年的经历使孩子们认识到必须准备好接受最严格的约束，免得被"世人"耻笑、遗弃，所以他要克制自己那些童年时的冲动。那些冲动并不是不好，只是因为现在的情况不允许了，他要开始认认真真地生活了。虽然他不再有童年的特权，但他现在可以享受成年生活了，童年的那些经历不会真正消失，甚至提供了他为人处世的经验。在那些所谓的"人情世故"和成年后的"自由领域"上，他都可以重温儿时的经历。

日本儿童成年的过程中有一个很重要的环节，那就是取得伙伴的承认，这对他们来说具有非常重要的意义。这一点不是什么绝对的道德标准，却深深地扎根于儿童心中。孩子童年前期，他刚会向母亲撒娇时，母亲就把抱过去，让他自己睡。他会自己比较他跟兄弟姐妹们谁得到的点心多，来看自己在母亲心目中的地位。当他能明显感觉到自己被冷落时，还会问妈妈："你是不是最疼我？"稍微大点以后，他就慢慢要放弃单纯的个人满足，希望从别人的赞许和接纳里得到补偿，否则作为惩罚当然是要受到"世人"的讥笑。大多数文化中的儿童教育都会这样给孩子们施加压力，日本的这种压力就更沉重了。被"世人"抛弃，就跟小孩心目中母亲威胁要丢弃他一样，所以跟挨打相比，他更害怕的是被伙伴排斥。日本人对嘲笑和排斥一般都很敏感，哪怕只是想想也觉得怕。实际上，日本人之间很少会有秘密，一个人的所作所为外人几乎全都知道，如果人们不满意就会排挤他。而且日本的房子白天敞开着，中间的薄板又不隔音，有的人家修不起围墙和院子，私生活就全被别人看见了。

日本的儿童教育从他们成年就开始出现了断层，因此造成了他们性格的两面性，了解他们常使用的某些象征会有助于了解他们的双重性格。日本人幼年的时候都是"不知廉耻"的，他们成年后就不免常常对着镜子问自己儿时的天真还有多少。他们说，镜子能够照出"永恒的纯洁"、反映灵魂的深处，不会培养虚荣心，也不会贬低自己，人会在镜子里看见那个"不知耻的自己"。在镜子中，他们打开眼睛这扇灵魂之"窗"，这能让他像镜子里的那个"不知耻的自我"真实地生活，他们还能在镜子中看到理想的父母形象。为此，有很多人才会镜不离身，甚至有人会在佛龛上供一面特别的镜子来反省自己的灵魂。"自己祭自己""自己拜自己"这回事说起来有点不寻常，但也不费事，因而几乎家家都会在神龛放镜子作为神器。战时的日本电台曾特地播过一首歌，表扬了几位自掏腰包买镜子放在教室的女学生。人们不觉得她们虚荣，而认为她们是发自心灵做出了贡献。照镜子可以看出一个人的精神是不是高尚。

日本人对镜子的感情从孩子心里还没养成"对镜自省"之前就开始了，那时候他们照镜子不一定是为了"自省"，而主要是因为他们能从镜中看到童年的自己，是那么的善良自然，根本不用"耻"来教。他们赋予镜子的这种象征性也促使他们要通过自我修养来达到"圆熟"的境界，所以他们坚持不懈地消除"观我"，力求做回童年时那个天真自然的自己。

童年的特权生活对日本人产生了重要影响，但他们并不认为童年后期用羞耻感来约束他们就是剥夺他们的特权。我们知道自我牺牲是基督教的核心概念，但日本人却常常否认所谓这种自我牺牲的观念。就算马上要死了，他们也不觉得是在自我牺牲，而是"自愿"为"忠孝""道义"而死。他们说，心甘情愿去死才是自己的人生目标，否则就是"犬死"，是没价值的。这与英语中的"犬死"穷愁潦倒而死的意思是不一样的。那些中规中矩的行为在英语中属于自我牺牲，日语中则是"自重"的范畴。"自重"常常代表自制，而做大事必须要自制。美国人认为，自由能帮他们实现目标。而日本人因为生活体验不同，会认为这远远不够，他们认为自制才能更好地实现自己的价值。要不然，他们就没法控制那个冲动危险的自己，而冲动会打乱正常的生活。正如一位日本人所说：

"经年累月，上漆时漆涂得越厚，漆器就越值钱。一个民族也是这样……有句形容俄罗斯人的话说：'剖开俄罗斯人，你看到的是鞑靼人，'那也可以这样形容日本人，'剖开日本人，你看到的是海盗。'但不要忘了：日本的漆是好东西，是做工艺品的，它不是瑕疵，也没有任何杂质，至少跟坯质一样美。"

让西方人感到惊讶的是，日本男人的行为矛盾，是因为日本儿童教育中出现了断层。他们永远记得童年时在自己的小世界里简直就是神，可以为所欲为，可以随意发脾气，似乎一切欲望都能得到满足。这种记忆虽然渐渐恍惚，但潜意识里还一直存在。这种双重性格就造成了他们长大成人后，既可以浪漫地谈恋爱，

246

也能对家里安排的婚姻言听计从。既可以贪图享乐，也可以把义务看得高于一切。谨慎的教育会让他们的行动瞻前顾后，但他们又能勇敢得近乎鲁莽。在等级制下，他们可以很听话，但有时又不会轻易被掌控。他们可以彬彬有礼，但有时又桀骜不驯；在军队里，他们可以盲目接受训练，但又会顽固不易驯服；他们虽然很保守，但又很容易迷上新东西；他们学习中国也不排斥西方。

日本人的双重性格经常会制造矛盾，但日本人对此也反应不一。比如，如何处理童年时无忧无虑、处处受人宽容的经历跟后来动不动就受到约束的生活之间的关系，虽然很多人都觉得这个问题很棘手，但每个人都会按照自己的方式去解决同一个问题。有些人像道家那样处处约束自己的生活，害怕放纵自己会扰乱实际生活冲突。正因他们曾经真正地放纵过，而不只是幻想，所以才更害怕。他们超脱自然，墨守成规，就觉得自己能发号施令了。有些人就更矛盾了，他们害怕自己的反抗情绪郁积太久而会爆发，就假装温顺来掩饰自己。他们整天忙于日常琐事，机械地重复那些基本没意义的生活，怕意识到自己的真实感情。还有些人是因为太留恋童年生活，常常对长大后的成人生活中的要求无所适从，想依赖别人吧，又过了那个年龄。他们觉得失败就是对权威地背叛，动不动就会紧张激动，如果不能像往常那样应付意外情况，他们就会害怕。

这些就是日本人在担心被人抛弃和被人指责时，经常容易陷入矛盾的原因。压力不是很大的时候，他们就会很享受生活中的乐趣，又能小心行事保证不会伤害到别人。这已经算很成功了。童年时的经历培养了他们的自信，同时也没有什么罪感的负担，虽然后来是为了跟伙伴协调一致才受约束，但他们的义务也是相互的。有时候别人会干涉他的意愿，但他们在那些规定的"自由领域"中还是可以得到感情上的满足的。日本人一向喜欢接近自然，陶冶情操，他们会观樱赏月、赏菊看雪，也会在室内挂个笼子听鸟叫虫鸣，或者是咏和歌排句、修园插花、品茗等等，但这些不应该像一个内心烦闷又喜欢侵略的民族会做的事。他们消遣享乐时也不是愁眉苦脸的，在日本还未发动战争的时候，人们觉得自己生活得也挺幸福，农村闲时的生活活泼愉快，忙时也跟其他现代民族一样勤勤恳恳。

但是，日本人的自我要求却非常之多。为了避免被人们疏远和毁谤，他们宁愿放弃刚刚尝到的甜，在人生大事上他们也必须抑制这些冲动，如果极少数违反了规矩，他就有可能丧失自尊。自重的人的生活准则不是明辨"善""恶"，而是迎合世人的"期望"，为了不让世人"失望"，他们可以牺牲掉个人要求。这样的人才是"知耻"而谨慎的好人，才能光耀门庭、为国增光。这种思想给日本人强加了极大的压力，日本一心想成为东方领袖和世界一大强国。但这些压力对个人来说就是负担，人们极度紧张，害怕失败，害怕自己付出巨大牺牲从事工作，却依然会被人看不起。有时，他们郁积太久了就会爆发出一些极端的攻击性行动，但这并不是因为像美国人那样遵守原则或自由受到威胁，而是因为他们觉得自己受到了侮辱或诽谤。这时，那个危险的自己就被激怒，他会报复诽谤他的人，要不然，就会针对自己。

日本人为他们的生活方式付出了很高的代价，他们自愿放弃了美国人认为像空气一样必不可少的自由。我们应该注意到，日本人战败以来正在追求民主，如果能无拘无束、随心所欲地生活，他们会高兴成什么样！杉本夫人说她在东京一所教会学校学英语时可以随意种花植树，自己当时高兴极了。老师分配给每个女学生一块园子，还给他们准备了需要的种子。

"这块园子可以让我随便种，这就让我觉得自己焕然一新……人的心中能觉得这么幸福，这才让我惊讶……我简直想不到，像我这种恪守传统，从不让家族蒙羞，也从不惹父母、老师、邻居生气，对世界无害的人，现在竟然也能自由行动了。"

其他女学生都种花，而她却想种土豆。

"谁也理解不了这种荒谬的行为当时给我心灵的撞击，我觉得自己彻底自由了。"

这是一个崭新的世界。

"我家的花园中专门荒了一块地，我特意让它保持天然野趣。但又总有人修修叶，整整枝。每天早晨大爷还要把石阶和松树下那块地方扫干净，把从林子里采来的嫩松针细心地撒在上面。"

这种伪装的天然野趣对杉本夫人来说，就象征着她被教导了那种要伪装自己的思想。其实，日本到处都是伪装，他们园子里埋在地下的巨石大多数都是精心挑选过，从别处运来的，下面还要铺上小石块，还要布置得跟流泉、屋宇、矮丛、树木相协调。菊花也是盆栽，为参加日本每年举办的花展，人们还要精心修剪这些花。每朵花都要仔细修剪，还用几乎看不见的金属线圈固定着它的形状。

当杉本夫人摘掉了菊花上的细线圈时，她的激动心情不言而喻。那些经过修剪的菊花一旦恢复自然，就显出满心欢悦。

但是今天的日本人已经不考虑他人的期望了，也对"耻"的约束力提出怀疑，这可能会破坏生活方式的平衡。在新的制度之下，他们不得不学习新的约束力，但是这种变化要花费高昂的代价，要提出新观点、树立新道德并不是一件容易的事。西方人不指望日本人会立即接纳新道德并把它变成自己的东西，但也不认为日本不会建立一套自由宽容的道德体系。生活在美国的"二代"日本人已经对本国的道德和行为非常陌生了，他们也不用必须遵守父辈们带来的习惯。同时，新时代的本土日本人也是有可能建立起一种不像过去那样要求自制的生活方式，菊花也完全可以摘除金属圈，不经人工修剪也一样可以秀丽多姿。

在崇尚精神自由的这段过渡时期，日本人或许可以借助两三种古老的传统而保持平稳。其中之一就是"自我负责"精神，日本人喜欢把自己比作一把刀，自我精神就是要擦掉"身上的锈"。正如持刀者要保持刀的光泽一样，人也要对自己行为的后果负责。如果由于他自己的弱点、不坚定和做事的力度不够造成了不好的后果，他要勇于承认并接受。在日本，对自我负责的要求要远比在美国严格。在这种意义上，刀并不再象征着发起进攻，而是比喻理想和责任。在崇尚个人自由的社会，这种品德是能起到最有效的平衡作用的。而且，日本的儿童教育和处世哲学已使自我负责的品德成为日本精神的一部分。所以在西方人看来，日本人的确是"放下刀"投降了，但对日本人来说，他们还会继续关注怎样才能保持心中那把易生锈的刀的光泽。按他们的话说，就是即使在自由和平的年代，他们也能把刀保存在心里成为一种象征。

第十三章

投降后的日本人

美国人在战胜日本之后对其进行了改造，他们常常为自己在这一方面的作为感到自豪。1945 年 8 月 29 日，美国通过电台发布了国务院、陆军部、海军部的联合指令，并由麦克阿瑟将军全权负责实施。但是，由于美国报刊、电台到处都是党争性的褒贬不一的评论，普通人也不清楚美国引以为自豪的理由到底是什么，只有极少数足够了解日本文化的人才能明白当前对日政策到底可不可行。

　　日本投降时的一个重大问题是对日本的占领到底是什么性质的。战胜国对现存政府乃至天皇，到底应该利用还是废弃？是否应该在美国军政官员指导下管理各县市？盟军在占领意大利和德国时是在每个地区设立盟军军政府总部，它也是战斗部队的一部分，而地方的行政大事是归盟军官员管的。日本战败以后，太平洋区域的盟军军政府总部官员以为也会对日本采取这种手法，日本人也不知道自己到底还能保留多少管理权。波茨坦公告上只是说："日本领土上经盟国所指地点必须占领，以确保吾辈于此所示之根本目标，"以及必须永久排除"欺骗及错误领导日本人民使其妄欲征服世界之威权及势力。"

国务院、陆军部、海军部三部向麦克阿瑟将军联合发布命令，要求他严格执行并支持上述各项内容。日本的行政管理和重建工作由本国国民负责。"只要能满足美国目标，最高司令官将通过日本政府及包括天皇在内实行对各个机关的管理权。日本政府将在麦克阿瑟将军的指挥下，正常地管理国内事务。"因此，麦克阿瑟对日本与盟军对德或对意的管理方式是有相当大的区别的，最高司令部把通告发给了日本政府，而不是发给日本国民和居民，所以它纯粹是最高司令部自上而下对日本各级官员机构进行的管理。它的任务就是制定日本政府的工作目标，如果哪位内阁大臣认为这些目标不可行，他可以辞职，也可以说服司令部修改指令。

这种政策是一次大胆的尝试，但是对美国来说有很多好

图注

在战后处置方针上，麦克阿瑟反对废除天皇制或将昭和天皇裕仁交付远东国际军事法庭审判，认为这可能导致日本人民的激烈反抗。为此，他对杜鲁门总统表示，若是一定要追究日本天皇的战争责任，请再调派一百万士兵的部队来日本维持局势。

最终，麦克阿瑟领导的盟军总司令部得以在保存天皇制、不追究天皇责任的客观条件下，对日本政府进行改造，包括制定了《日本国宪法》及确立现行日本政府组织架构的基础。

图中为麦克阿瑟与裕仁天皇合影。

第十三章　投降后的日本人

处。就像当时希德林将军说的："我们占领日本再利用日本政府是很有好处的，如果不能利用日本政府，我们就要建立一个直接管辖日本七千万人口的管理体系，而他们的语言、习惯、态度与我们都截然不同，而利用日本政府的话，我们就可以节省大量时间、人力和物力。也就是说，我们是让日本人自己整顿自己，我们只负责提供指导意见就可以了。"

当然，华盛顿制定这一政策时，很多美国人仍然担心日本人也许会抵抗、不合作，一个报复心极强的民族可能不会接受这样的和平计划的。但后来证明这些担心并没有成为事实，原因主要是日本文化的特殊性，那些战败民族在政治、经济方面的一些道理是解释不通的。可能再没有一个国家能够像日本这样顺理成章地接受美国这种"善意"地占领。日本人看来，接受这种政策就意味着能够抹去在战败中受到的屈辱，还可以促使他们改革国策，而他们之所以能欣然接受，主要还是因为在日本文化下形成的国民性格。

在美国人似乎一直在讨论和谈条件的宽严，但是真正的问题并不在此，而是在于惩罚要恰到好处，从而摧毁他们那种传统的、危险的侵略性的旧模式，建立起新模式。但是要选择哪种方法，这还得根据日本国民性格和传统的社会秩序而定。普鲁士的专制主义不仅反映在家庭生活中，在市民日常生活中也已经根深蒂固，所以对德国和谈就必须签订一些条件。但是，对日本的和平政策可能要有所不同。德国人并不认为自己像日本人那样欠了社会历史什么"人情债"，他们努力奋斗不是为了还债，而是为了避免自己沦为牺牲者。在德国人眼中，父亲就跟其他有地位的人一样是专制的，会"强迫别人尊敬他"，得不到尊敬就不舒服。德国人青年的时候都反对父亲的专制，但是长大以后，迫于压力之下他们也变得跟父母一样，屈服于单调无味、没有激情的生活。他们一生的高潮时期还是叛逆的青年时期。

日本文化中的问题并不在于极端的专制主义。几乎善于观察的西方人都会发现，西方很少能看到日本父亲对孩子的那种关爱，日本孩子觉得跟父亲亲近是理所当然的，他们还会公开炫耀自己的父亲，因此，只要父亲变变声调孩子就会听父亲的话。但是，父亲对孩子也不是那么严厉，孩子青春期也绝不会违抗父母之命，相反，在世人眼中，他们在青春期时又有责任心又孝顺，可以说是家庭的模范。日本人常说，他们是"为了学习""为了修养"而尊重父亲的，也就是说，尊敬父亲已经成了等级制和正确为人处世的一种象征了。

儿童早期与父亲接触时学到的这种态度已经成为整个日本社会的一种社会方式，最有地位最受人尊敬的人并不一定握有实权，而位居高位的官员也并不一定能行使权力。上自天皇下至平民，其背后都有谋士和隐蔽的势力在策划。20世纪30年代初期，日本黑龙会的领导人接受东京一家英文报纸访问时，对社会这一侧面作了很好的说明："日本是被大头针固定住一角的三角。"换句话说，大家都看得见三角形在桌上，但是看不见大头针。三角形有时往右偏，有时往左偏，但都是围绕着一个看不见的大头针在摆动。借用西方人的话就是，凡事都要用"镜子"来反映。争取做到专制而又不锋芒毕露，一切行为都只是象征的忠诚，忠诚的对象往往是没有实权的。日本人一旦拿下假面具发现了的权力源泉，就觉得这是剥削，跟他们的现行制度不相符，这种看法同他们对高利贷者和暴发户的看法一样。

正因为日本人是从这个角度来看他们的社会，因此，他们相信不革命也一样可以反抗剥削和不义之行。他们并不打算破坏现行社会，而是回到过去进行"复古"，像明治时代那样在不批判制度的同时进行变革。但他们从来都不是革命者。当时西方的学者都严重地错误估计了形势：有些学者希望日本掀起一场意识形态方面的群众运动，有些高估了日本的地下势力，还希望能在投降之前掌权，还有些人甚至预言激进分子会赢得战后的选举。保守派代表币原男爵1945年10月组阁时发表的演说中，一语中的地道出了日本人的心声：

图注

币原喜重郎（1872年9月13日—1951年3月10日），日本政治家、外交家，第44任内阁总理大臣，历任日本驻荷兰大使、外务次官、外务大臣、众议院议长等职。

"新的日本政府将继续发扬民主传统，尊重全体国民的意愿……自古以来，明治天皇宪法的精髓就在于天皇要以全体国民意志为自己的意志，而我所讲的如今这种政府也正体现了这种精神。"

256

在美国读者看来，这样解释民主简直毫无意义，但日本人宁愿在这种复古的前提下扩大国民的自由和福利，也不愿立足于西方的意识形态。

日本会试行西方的民主政治体制。但是，西方的制度并不一定就是改善世界的灵丹妙药，虽然它在美国卓有成效。普选和由当选者组成的立法机关在解决问题的同时，也会产生很多问题，如果这些困难一直持续下去，日本人就会修改我们最初制定的实现民主的方法，美国人就会觉得这场仗白打了。我们一直觉得我们的民主是最好的，但目前来看，日本的重建过程是一个漫长的过程，民主在这个过程中也是次要的。19世纪90年代，日本试行了第一次选举，但截至现在，整个国家也没有发生实质性变化，小泉八云在书中记载的那些问题今后还会重复。

"在这些激烈的选举中甚至牺牲了许多人，但确实不存在私人恩怨。外人往往惊讶论战中会出现激烈地论战，甚至大打出手，但是这其中确实不是个人不和。政斗不是个人与个人之间的斗争，而是各党派之间为争取利益而进行的斗争，而每个党派的忠诚追随者都会把政治变故看成是一场没有硝烟的战争。"

20世纪20年代，村民们在选举投票之前总是说："做好被砍头的准备。"人们常常把选举斗争跟过去武士攻击平民相比，时至今日，日本的选举的意义跟美国完全不同，这跟他们有没有发起侵略战争无关。

日本人相信自己能重新建设一个和平国家，是因为他们敢于承认自己的失败，从而把精力转向另一方面。日本人很善变，他们曾试图以战争的方式在世界上占有一席之地，结果失败了。于是，他们只好放弃这种方式。因为他们从小到大所受的教育就是让他们能够随时地改变。具有强权意识的民族坚信自己是在为原则而战，他们投降时会说："我们失败了，这世界上就没有正义了。"但他们的自尊心会使他们为下一次"正义"的胜利继续努力。或者，他们会承认自己犯了罪，进行自我忏悔。但日本人不是这样。投降后的第五天，当时美军大部队还没有登陆，但东京的大报《每日新闻》就已经写了文章评论日本的失败和由此带来的政治变化了。它说："然而，这是有助于拯救日本的。"这篇文章强调每个人都必须明白，日本已经彻底地失败了，既然企图靠武力来建设日本已经行不通了，今后就必须走和平国家的道路。另一家东京大报《朝日新闻》也在同一星期发表了文章，认为近年来日本对内对外政策的"眼中错误"就是"过分相信军事力量"，说"我们必须抛弃过去那种不合时宜且让我们损失惨重的政策，而要努力同国际协调、爱好和平"。

西方人认为日本的转变是原则性的转变，因而心生怀疑，但这却是日本人为人处世的一种方式，在人际关系和国际关系上都是这样。日本人如果采取了某种政策而未取得成功时，他们便认为是犯了错。日本人没有固守失败的习惯，如果政策失败了，他们肯定会予以抛弃。日本人常说"噬脐莫及"，20世纪30年代，他们普遍认为军国主义是争霸世界的必要手段，他们靠武力就可以获取世界的崇拜，为此他们作出了一系列牺牲。1945年8月14日，日本最神圣的天皇向国民宣布日本战败，因而他们承受了战败带来的一切后果。战败意味着美军要占领日本，于是他们欢迎美军；意味着帝国侵略计划泡汤了，于是他们开始制定放弃战争的相关政策。日本投降后的第十天，《读卖新闻》就发表了题为《新艺术与新文化的起步》的社论，其中写道："我们必须坚定地相信，战败与一个民族的文化价值是两回事，我们应把战败当作一种动力……因为，只有作出这种惨重牺牲，日本国民才能提高自己的思想；开阔视野，实事求是地看世界。我们必须理性地分析过去歪曲日本人思想的非理性因素，从而进行消除……我们要勇于正视战败这一残酷的现实，但我们必须对日本文化的明天充满信心。"这就是说，他们已经尝试过一种政策，但是失败了，现在他们要开始一种和平的政策。日本各家报纸的社论反复强调："日本必须赢得世界各国的尊重。"日本国民的责任就是在新的政策下，赢得别人的尊重。

这些报纸的社论不仅仅是少数知识分子的心声，东京街头及偏远的村民也同样转变了态度。美国占领军简直不相信曾经发誓要单枪匹马死战到底的国民，如今会友好地配合。日本人的伦理道德中有很多东西都是美国人所排斥的，但是，美国人在占领日本期间又感受到，其他民族的道德也有可以赞扬的部分。

以麦克阿瑟将军为首的占领日本的美国当局认为，日本人是有能力改变前进的方向的，所以没有采用羞辱日本人的手段来阻止他们。如果我们按西方的规则来羞辱日本人，也是符合西方的文化的，因为根据西方的伦理，侮辱和惩罚是最能让坏人服罪的手段，而认罪是重新做人的开始。但是，日本人认为每个人都必须对自己行为的一切后果负责，也包括总体战争的失败，犯错是让他意识到这样的错不能再犯。但是，日本人并不认为这些情况是对他们的羞辱而对此憎恶。按照日本人的说法，侮辱就意味着诽谤、嘲笑、鄙视、侮蔑以及揭短，如果他们认为自己受到了侮辱，那么复仇就是一种美德。尽管西方的伦理强烈谴责日本人的这种信条，但美国能不能成功占领日本就取决于它在这一点慎重不慎重了。因为，日本人很厌恶嘲笑，认为这跟投降后的解除军备、巨额赔偿等等必然后果是截然不同的。

日本曾战胜过一个强国，而在敌国（即俄国）投降的时候，日本认为它并没有嘲笑过日本，战胜的日本也就极力避免去侮辱失败者。日本有一张妇孺皆知的照片，它拍的是 1905 年俄军在旅顺口投降时的情况，照片上的俄国军人并没有放下武器，还依然带着军刀，整个图片上战胜者和战败者的唯一区别就是军服不同。当时日本人流传着一个故事，俄军司令官斯提塞尔将军表示同意日方提出的投降条件时，一位日本大尉和一名翻译带着食品来到俄军司令部。当时，"除了斯提塞尔将军的坐骑以外，军马已经被杀掉吃光了。因此，日本人带来的五十只鸡和一百个生鸡蛋受到了热烈地欢迎。"次日，斯提塞尔将军和乃木将军如期会见。"两位将军握手，斯提塞尔将军称赞日本部队的英勇……乃木将军则称颂俄军防御持久。斯提塞尔将军很同情乃木将军在这次战争中失去了两个儿子，提出要把自己心爱的阿拉伯种白马送给乃木将军。乃木将军说，虽然他很希望得到这匹马，却必须先献给天皇，然后天皇一定会把这匹马赐给他的。他表示，如果真的能得到这匹马，他一定会像爱护自己的马那样加倍爱护它。"日本人都知道，乃木将军在自己的房子前面为斯提塞尔将军的爱马建了一所马厩。据说，它建的比乃木将军自己的房子还要讲究，而且这间马厩在将军死后成为乃木神社的一部分。

有人说，日本人的性格从上次俄国投降后就已完全变了，比如，他们在占领菲律宾的几年间，就进行了举世瞩目的肆意破坏和残酷虐待。不过，对于日本这样道德标准要视情况而定的民族而言，上述结论不一定属实。第一，日本的敌人在巴丹之后只是局部投降而没有全部投向。甚至后来在菲律宾的那部分日军投降之时，日军还在作战。第二，日本人从不觉得俄国人在 20 世纪初曾经"侮辱"过他们。而 20 世纪的二三十年代，每一个日本人都认为美国的政策是在"蔑视日本"，或者用他们的话说是"根本没把日本放在眼里"，他们觉得《排日移民法》，以及美国在《朴次茅斯和约》和第二次裁军条约所起到的作用也是在蔑视日本。美国在远东经济中的影响日益扩大，对有色人种的歧视态度也使日本人得出了同样的结论。因此，日本战胜俄国时的态度，与日本在菲律宾战胜美国时的状况，显示了日本人行为中明显对立的两面性格：受过侮辱时是一种情况，没受过侮辱则是另一种情况。

美国的最后胜利改变了日本人的处境，在遭到最后失败时，日本人就依照他们的通例改变了既定方针。日本人这种独特的道德观，让他们能够很快洗去耻辱、忘记过去。美国的政策和麦克阿瑟将军的政策没有给日本增添新的耻辱，而只是在坚持实行在日本人看来是失败的"必然后果"的政策，这样的做法显然卓有成效。

261

保留天皇的意义重大，美国也把这件事处理得很好。天皇先拜访了麦克阿瑟将军，而不是麦克阿瑟将军先拜访天皇，西方人是很难估计这件事给日本人带来的意义的。据说，天皇曾在美国建议否认天皇的神圣性时提出异议，说抛弃原来没有的东西会使他为难。他真诚地说，日本人并不把他看作西方意义上的神。但是麦克阿瑟将军仍劝他说，西方人认为天皇主张神性，这将对日本的国际声誉产生严重的影响。于是天皇勉为其难地同意在元旦发表否认神性存在的声明，他还要求把世界上对此事的评论翻译给他看。读了这些论评后，天皇写信给麦克阿瑟将军说他满意。很明显，外国人在以前并不理解，天皇庆幸自己发表了这个声明。

　　美国的政策在一定程度上满足了日本人。国务院、陆军部、海军部三部联合指令上明确写道，"对于在民主基础上组织起来的劳动、工业、农业诸团体，应鼓励其发展并提供便利。"所以，日本许多产业中出现了工人组织，他们活跃在20世纪二三十年代。农民也重新兴起来了。许多日本人认为这场战争为日本人赢得了很多东西，因为他们能够靠自己的努力改善自己的生活环境了。一位美国特派记者告诉我，东京的一个罢工者盯着美国士兵乐呵呵地说："日本'胜利'了！是吗？"日本今天的罢工类似于战前的农民起义，那时农民起义常常是因为赋税徭役过重，妨碍了正常生产，人们并没有试图变革制度本身，因而不属于西方意义上的阶级斗争。而今天，日本各地的罢工也没有降低生产，他们最喜欢的办法就是由工人"占领工厂，继续工作，增加生产让经营者无地自容。在三井所属的一家煤矿中，'罢工'工人把负责经营的人全部赶出矿井，然后把日产量从 250 吨提高到 620 吨。足尾铜矿的工人在'罢工'中也增加了产量，并把工资提高了两倍"。

当然，不管这些政策出发点有多好，管理一个战败国是困难的。日本的粮食、住宅、国民再教育等，依然是很尖锐的问题，如果不利用日本政府的官员，问题只会更严重。美国在战争期间一直很担心被遣返的日本军人的问题，但是现在保留了日本的官员，这个问题就没那么严重了，但要解决也不是一件容易事。日本人也很了解这种困难，日本报纸去年秋天同情地说，战败对那些历尽艰辛却还是吃败仗的日本士兵该是多么难啊！并请求他们不要因此干扰了他们的"判断"。总体来说，遣返军人的"判断"是相当正确的，但也有些人因为失业和战败而参加了意图复仇的旧式秘密社团。日本人已不再承认他们昔日那种特权地位，他们很容易为此而感到不满。以前，行人遇见穿白色衣服的伤残军人都要行礼，入伍和退伍的时候也都要举行热烈的欢迎和欢送仪式，他就可以坐在主席台上享受美酒佳肴、美女歌舞。如今，遣返军人只有家里人会安置他们，再也得不到以前的优厚待遇，而且还会在城市村镇受到冷落。如果我们了解日本人对这种形势巨变是如何怀恨在心的，我们便很容易了解日本人为什么喜欢跟昔日伙伴同聚，缅怀过去那种"军人就是日本的荣誉"的时代了。而且，有的战友可能会告诉他，为什么要绝望呢？既然有些幸运的同伴已经在爪哇、山西、满洲与盟军作战，他们也有可能重新回到战场的！日本很早以前就有国家主义的秘密团体了，这些团体要"为日本正名"，那些夙仇未报，而觉得"世界不公"的人极可能会参加这种秘密团体。日本人认为，像黑龙会和玄洋社之类的团体使用的暴力是符合道义的，所以允许他们使用。因此若想消灭这种暴力，日本政府在今后的若干年中必须继续努力强调履行"义务"而抑贬对名分的"道义"。

因此，仅仅靠"判断"是不够的，还必须重建日本经济，确保二三十岁的人有出路，能"各得其所"；还必须改善农民的状况，每当经济不景气，日本人就会重归故里，但很多地方人多地少还负债累累，根本养不活那么多人；大多数人坚持反对平分遗产，只有长子能够继承遗产，其他儿子就只能到城市去谋生，所以也必须开始发展工业了。

毫无疑问，日本人今后面临着漫长而艰难的道路。但是珍珠港事件前大约十年间，日本把一半的收入都花在军备及维持军队上。如果国家预算不包括军备费用，他们就有机会提高国民的生活水平了。如果停止这类支出并逐步减轻农民的赋税，日本是有可能建立健全的经济的。就像前面说的，日本农产品分配制度是 60%归农民，剩余 40%用于赋税和田租。这与同产大米的缅甸、暹罗的情况相同，那些国家是 90%归农民，而日本农民所缴的巨额税金却是当做军备支出。

今后十年间，欧洲或亚洲那些不扩充军备的国家，肯定比扩充军备的国家更有潜力，因为这类国家可以把财富用来建设健全、繁荣的经济。而美国在推行亚洲政策及欧洲政策时几乎没考虑过这种情况，因为我国不是农业国，也没有遭受过战祸，即使实施需要巨额经费的国防计划，国家也不会被拖垮。我们的关键问题是工业生产过剩，我们不断大量完善生产和机械设备，若不用于大规模军备、奢侈品产业、福利事业及研究设施，我们的人就会失业。资本也急迫地需要有利的投资机会。其他国家甚至西欧的情况都与美国有所不同，在今后十年里，如果法国推行扩充军备政策，那么他就不能建立健全繁荣的经济；而德国尽管要负担巨额赔偿，但已不能重新建立自己的军队武装，他是有可能建立健全而繁荣的经济基础的。而中国当前的军事化目标得到了美国的支持，那日本也可以利用与德国同样的优势超过中国。日本如果不把军事纳入国家预算，它很可能在不远的将来建立起繁荣的经济，并成为东方贸易的中心。它可以在和平利益的基础发展经济并提高国民的生活水平，这样和平的日本就会获得世界各国的赞誉。如果美国能继续利用并积极支持这项计划的话，会对日本有很大的帮助。

不管是美国，还是其他国家，都不能命令日本创造一个自由民主的国家，这种方法在任何一个被统治的国家中都没有获得成功的先例。对一个具有不同习惯和观念的国家，任何外国都不能强迫他们按照自己的模式去生活。就算制定法律，也不能勉强日本人承认选举出来的人的权威，也不能让他们抛弃等级制中的"各得其所"。法律也不可能让他们变得像美国人一样自由地人际交往、追求自我独立，以及自行选择配偶、职业、住宅和热情地承担各种义务。但是日本人已明确，他们的确有必要做出这些改变。日本投降后，当政者曾说日本必须鼓励人民享受自己的生活，相信自己的良心。他们虽然没有这样说，但每个日本人心里都已经开始怀疑"耻感"在日本社会的作用，

265

而希望人们能够获得新的自由，不必再担心受到"世人"的指责和排斥。

就算日本人心甘情愿，日本的社会压力对个人的要求还是太多了。社会要求他们隐藏个人感情和欲望，以家庭、团体或民族代表的身份面对社会。虽然他们能够忍耐这种生活方式要求的各种自我修养，这种负担还是太沉重了。他们要过度地压抑自己，更得不到自己的幸福。他们不敢要求生活得轻松一点，结果就被军国主义者引上了一条不归路。付出如此高的代价以后，他们变得自以为是，并看不起那些道德宽容的民族。

日本人变革社会的第一步就是承认侵略战争是个"错误"，是一次失败。如果他们希望重新获得和平国家的尊重，就必须实现世界和平。如果俄国和美国若干年以后想扩充军备，想要进攻，日本就会利用军事知识参与这场战争。但是，就算这一点是事实，也不能否认日本是可能成为和平国家的，因为日本的行动总是视情况而定的。如果可能，日本会在和平世界谋得一席之地。如果不行，他们会再次加入武装阵营。

现在日本人认识到军国主义已经失败，他们还会关注其他国家的军国主义是否也终将失败。如果没有失败，日本恐怕会再次发起战争，显示战争还是大有用处的。假如其他国家的军国主义也失败了，日本会以自身的例子教训人们，帝国主义侵略绝不能到达荣誉之路。